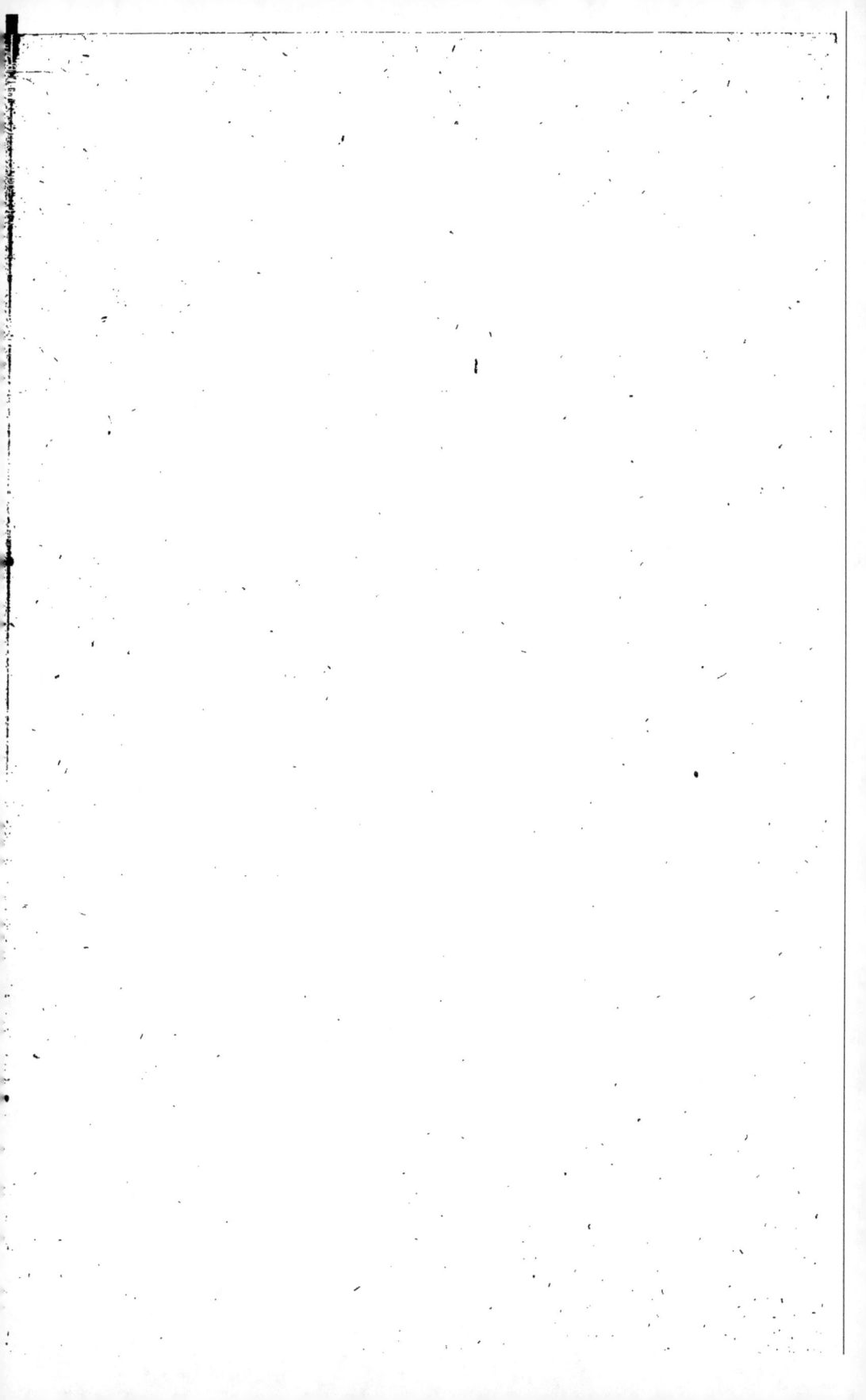

40 Livraisons à 50 centimes.

HISTOIRE

ANECDOTIQUE ET POPULAIRE

DE

NAPOLÉON

PAR

UN ANCIEN GÉNÉRAL DE L'EMPIRE

SON CONDISCIPLE A L'ÉCOLE DE BRIENNE

DEUX VOLUMES GRAND IN-OCTAVO JÉSUS

Ornés de **40** magnifiques gravures en taille-douce

D'APRÈS LES DESSINS DE MM.

Charlet, A. Scheffer, Devéria, Steuben, Grenier, Eug. Lami, Langlois

GRAVÉES PAR MM.

T. JOHANNOT, LEFÈVRE, BLANCHARD, TAVERNIER, PRÉVOST, VALLOT,
FRILLEY, PELÉE, CARON, BOILY, GABRIEL.

PARIS

AU BUREAU DES PUBLICATIONS NATIONALES

RUE MONTORGUEIL, 108.

1847

HISTOIRE

DE NAPOLÉON

LIVRE PREMIER.

Bonaparte ne devient personnage historique, à rigoureusement parler, qu'à l'époque du siége de Toulon. C'est sous les murs de cette ville qu'il fait ses premières armes, et qu'à la faveur d'un commandement militaire, ses talents, son caractère et ses opinions politiques commencent à se manifester. Cependant, avant d'aborder le récit des grands événements et des faits mémorables qui fixeront à jamais sur son existence les regards de la postérité, nous croyons devoir jeter un coup d'œil sur son origine et sur l'emploi de ses premières années. On

aime à étudier les hommes devenus célèbres dans les premiers déve-
loppements, et, pour ainsi dire, dans le germe de leur individualité
extraordinaire. Il ne faut pas trop, toutefois, s'abandonner à cette
illusion très-commune, d'après laquelle des prodiges auraient éclaté
sur leur berceau. La nature ne se plaît que rarement à marquer d'un
singularité brillante leurs débuts dans la vie, et, bien plus qu'on ne
le pense, amie de l'égalité réelle, elle efface toutes les physionomies
du premier âge sous la loi d'une puérilité et d'une incertitude commune. Tel par la vivacité de ses saillies enfantines promit un esprit
d'un ordre supérieur, qui est resté toute sa vie dans les rangs d'une
infime médiocrité, tandis que tel autre, d'abord déclaré stupide, ou
tout au moins insignifiant, par ses entours, et débarrassé fort tard des
liens mystérieux qui étreignaient son âme et son intelligence, grandit
par un essor soudain et rapide, jusqu'à devenir l'orgueil de son siècle,
la gloire de sa patrie.

Quoi qu'il en soit, Napoléon Bonaparte, et tous ses biographes s'ac-
cordent en ce point, s'annonça de bonne heure comme un être à part.
Non qu'il eût à un plus haut degré que tous ceux de son âge les qualités et les défauts propres à l'enfance, mais, au contraire, parce qu'il
était complétement dépourvu des unes et exempt des autres. Taci-
turne, rêveur, et habituellement réfléchi jusqu'à en paraître morose,
il partageait rarement les plaisirs de ses camarades; par extraordinaire
venait-il à s'associer à leurs jeux, c'était presque toujours à des jeux militaires; il aimait à les diriger, et cette prédilection de sa part semblait une révélation de l'instinct belliqueux, ou plutôt du génie de la
guerre. Dans l'hiver on construisait des redoutes avec de la neige,
dont on formait des projectiles, on simulait toutes les combinaisons de
l'attaque et de la défense. Le jeune Bonaparte était l'âme de ces combats, il en était l'arbitre, et c'était lui qui décernait les récompenses
aux plus intrépides et aux plus habiles. Ces jeux furent défendus. Il
lui fallait cependant des soldats . il se fit une armée avec du gravier,
des cailloux furent ses officiers; leur volume était proportionné à l'im-
portance du grade. Vingt-cinq ans plus tard, un inconnu se présente

aux Tuileries; il demande avec instance à être admis près de l'empereur, dont il se dit l'ancien camarade de collége. Son nom ne rappelle rien à la mémoire de Napoléon. «Peut-il, dit celui-ci, citer quelque particularité qui le fasse reconnaitre? — Sire, il porte au front une cicatrice profonde, qu'il croit devoir vous retracer un fait qui s'est passé entre vous deux. — Il a raison, c'est un général que je lui ai jeté à la tête; qu'il vienne.» Et celui qui avait reçu un officier supérieur à la tête, parce qu'il avait dérangé d'un coup de pied la position d'une armée, obtint de l'ancien camarade tout ce qu'il venait demander à l'empereur.

Les préférences et les succès de Bonaparte dans ses études révélaient une intelligence où le calcul dominait plus que l'imagination. Il se montrait en tout sérieux et positif, et même hors de ses récréations, auxquelles la combinaison avait une si grande part, on ne pouvait plus retrouver en lui rien qui fût de son âge. L'aimable étourderie, le gracieux abandon d'un enfant, cédaient la place, sur son front pensif, aux préoccupations d'une maturité anticipée. C'était *un petit homme* à l'allure grave et digne, au ton décidé, à la repartie prompte, mais toujours concise et nette, parce qu'elle était réfléchie.

Napoléon Bonaparte était à peine âgé de dix ans, lorsque son père, Charles Bonaparte, l'envoya à l'école militaire de Brienne, où le gouvernement français venait de décider l'admission d'un nombre de jeunes Corses, choisis dans les premières familles de ce pays. Il parut d'abord doux, tranquille et appliqué; et, bien que dans sa première enfance, au milieu de ses frères et sœurs, il se fût montré enclin à la domination, il se conformait à tout avec une irréprochable docilité; mais cette obéissance était exempte de crainte, elle n'était dictée que par un profond sentiment du devoir, et il semblait plutôt se soumettre à une discipline militaire qu'aux règlements d'une école. Il se résignait à subir les punitions qui lui étaient infligées, pourvu toutefois qu'il ne crût pas que son honneur était compromis; un jour on voulut lui en infliger une qu'il regardait comme humiliante, il lui prit une violente attaque de nerfs, qui étonna d'autant plus ses maîtres et ses

camarades, qu'ils ne soupçonnaient pas la véritable cause de son irri
tation.

Il se fit remarquer de bonne heure par la rectitude de son esprit :
le jour de la confirmation, l'archevêque, au moment de lui administrer le sacrement, l'exhorta à changer son nom de baptême, sous le
prétexte qu'il n'était pas dans le calendrier : « Mais , repartit vivement Napoléon sans se déconcerter, il y a un très-grand nombre de
saints, et l'année n'a que trois cent soixante-cinq jours. » Il n'y avait
rien à répliquer ; l'archevêque n'insista pas.

Il fallait qu'il y eût réellement quelque chose d'extraordinaire dans
le jeune Bonaparte, car il exerçait sur ses camarades une influence des
plus marquées, et ses professeurs faisaient sur lui les pronostics les
plus brillants. Lorsqu'on fit, en 1783, des examens à l'école de
Brienne pour faire passer les plus instruits à l'école militaire de Paris,
le chevalier de Keralio le désigna un des premiers en envoyant cette
note au ministre : « M. de Buonaparte (Napoleone), né le 15 août
1769, taille de quatre pieds dix pouces dix lignes, a fini sa quatrième. Bonne constitution ; santé excellente ; caractère soumis, honnête, reconnaissant ; conduite très-régulière ; s'est toujours distingué
par son application aux mathématiques. Il sait passablement son histoire et sa géographie ; il est assez faible sur les sciences d'agrément
et le latin, où il n'a fini que sa quatrième. Ce sera un excellent ma-
rin ; il mérite de passer à l'école de Paris. » Et comme on objectait à
M. de Keralio l'extrême jeunesse de Bonaparte : « Je sais ce que je
fais, répondit-il, j'aperçois là une étincelle qu'on ne saurait trop
cultiver. »

Bonaparte porta le même caractère à l'école de Paris qu'à celle de
Brienne, où il avait passé sept ans. Les liaisons qu'il y forma se bor-
nèrent à deux ou trois élèves, les moins distingués parmi ce grand
nombre de jeunes gens ; de sorte que ce choix exclusif annonçait bien
plus dans Napoléon le désir d'exercer sans contestation sa supériorité et le besoin de dominer que celui de jouir des douceurs vé-
ritables de l'amitié. Au reste, on a fait la même remarque sur tous

ceux qui ont eu de bonne heure le sentiment de leur force. Ils cher-
chent des admirateurs plutôt que des égaux ; deux êtres de même
valeur s'associent mal ensemble, et ce ne sont pas les lions, mais les
animaux faibles, qui vont par troupeaux.

Les amours de Napoléon à l'école de Brienne, avec une jeune fille
qui aurait été victime de sa barbarie après avoir cédé à ses désirs, sont
évidemment une fable odieuse. Les écrivains les moins suspects de
partialité en faveur de Napoléon l'ont repoussée avec mépris. L'ac-
cuser d'avoir fait périr sa maîtresse pour éviter le scandale qui pouvait
résulter des suites d'une liaison illicite, c'est oublier combien la
crainte d'un scandale, en matière de galanterie, est étrangère à un
adolescent élevé dans une école militaire, et toujours plus porté à
s'enorgueillir d'un triomphe de ce genre qu'à le tenir caché. D'ailleurs,
pour admettre une perversité si précoce et si excessive, il faut des
preuves positives et un degré de notoriété irrésistible, accablant. A
Brienne, soit dans la ville, soit dans l'école, on n'entendit jamais parler
de rien de semblable.

L'anecdote du ballon percé d'un coup d'épée au Champ-de-Mars
est également controuvée ; elle serait, au surplus, en complète opposition avec ce caractère de réserve et de mesure qui distingua de si
bonne heure Napoléon, et qu'il n'abjura un peu plus tard que par calcul, lorsqu'il fut lancé au milieu du torrent révolutionnaire. Ce qui est
beaucoup plus vrai que tous ces contes, devenus tour à tour l'aliment
d'une haine stupide ou d'une admiration insensée, c'est qu'il se livrait
avec ardeur à l'étude de l'histoire et des sciences exactes, et qu'il faisait
dans celles-ci de rapides progrès. Sans cesse il lui fallait des résultats ;
seuls ils pouvaient captiver son attention : chaque démonstration était
pour lui une conquête nouvelle, et la solution d'un problème difficile
faisait battre son cœur, comme il battit dans la suite un jour de victoire. De là cette habitude de voir en toutes choses des prémisses qui
devaient avoir leur conséquence, et cette faculté bien précieuse, dont il
fut doué à un si haut degré, de voir vite, juste et loin.

Dans le cours de ses études, il semblait dédaigner les fleurs litté-

raires ; il continua d'être un élève fort médiocre en belles-lettres. Il
termina son cours d'humanités, fort léger de latin et de grec, et, malgré cette sublime éloquence dont il devait faire preuve dans ses proclamations à l'armée, et cette lucidité prodigieuse qui marqua sa supériorité dans la discussion de nos codes, l'on ne peut pas contester qu'il
n'ait toujours parlé, même le français, assez incorrectement. On a pré-
tendu qu'en fait de style, il n'eut jamais le sentiment des formes élé-
gantes et harmonieuses. Au dire de quelques appréciateurs mauvais
juges, les plus parfaits de nos écrivains, tels que Rousseau, Buffon et
Bernardin de Saint-Pierre, ne furent jamais goûtés par lui ; et ils attri-
buent à une incapacité de sentir et de comprendre tout ce qui fait l'ex-
cellence du prosateur et les jouissances exquises de l'homme de goût,
la réprobation dont le mérite de ce genre fut frappé sous son règne. Il
eût été plus conforme à la vérité de reconnaître qu'en estimant la forme
de ces auteurs, il déplorait qu'elle n'eût servi souvent qu'à revêtir de
chimériques hypothèses, ou les notions d'une science décevante ou
dès longtemps dépassée. Si, dans les premières années où il fut investi
du pouvoir, il plaça des chimistes à la tête de l'instruction publique,
c'est qu'il avait alors en vue le progrès utile au bien-être matériel des
générations, et qu'il savait bien que la pompe des belles phrases n'a
jamais rien produit pour le bonheur des peuples. Plus tard, il fut
amené par les circonstances à s'écarter de cette ligne droite qu'il s'é-
tait proposé de suivre. La majesté du trône eut besoin de se parer de
la solennité des mots. Dès ce moment, des orateurs dirigèrent l'ensei-
gnement, et, à force de flatterie, le mérite de bien dire l'emporta sur
celui de bien faire : le savant fut presque sacrifié à l'homme de lettres, et l'oiseuse pédagogie de l'ancien régime, la vieille rhétorique
vint occuper dans les lycées impériaux des chaires qui avaient été si
utilement remplies dans les écoles centrales de la République.

Bonaparte, élève, dédaignait les périodes cicéroniennes et la pro-
lixité des vains ornements ; lorsqu'il faisait une amplification sur un
sujet qui l'intéressait, c'était avec une sorte de fièvre, tout en lui devenait exaltation ; aussi, le professeur Domairon, en lisant ces dis-

cours, où les idées les plus extraordinaires, les conséquences et les réflexions les plus inattendues, lui semblaient autant d'indices de génie, avait-il coutume de dire que « c'était du granit chauffé au volcan. » Si l'on exhumait aujourd'hui quelques-unes de ces productions, on y retrouverait sans doute le langage du conquérant de l'Italie.

Pour vouloir soutenir que Napoléon était dépourvu du sentiment littéraire, il faudrait ignorer que nul mieux que lui ne sut entrer dans la pensée du grand Corneille, et qu'il fut admirateur de Racine, dont, plus d'une fois, il révéla le sens le plus profond à Talma, cet immortel tragédien qui n'a pas été remplacé sur la scène française. Napoléon dépourvu du sentiment littéraire ! lui qui atteignit si souvent au sublime, lui dont toute la vie fut la plus populaire des incarnations poétiques ! On sait qu'il se montrait passionné pour cette antiquité grecque, toute pleine des monuments de la puissance de la parole. Toutefois, en lisant Plutarque, il fut plus séduit par la vigoureuse austérité des Spartiates que par les grâces brillantes des Athéniens. Ossian était aussi une de ses lectures favorites. On lui a fait un crime, plus tard, de cette préférence, qui était restée au nombre de ses rares fantaisies littéraires. On a dit qu'il aimait Ossian, parce que c'était un poëte sans dieu, un poëte matérialiste, au milieu des ombres de ses héros. Il eût été plus raisonnable de conclure de cette prédilection que, dans Napoléon, un peu d'exaltation s'alliait au génie des conceptions militaires et politiques. Ossian est de tous les poëtes celui qui sait le mieux et le plus promptement coucher un guerrier sur le champ de bataille ; c'est le chantre des héroïques funérailles. Napoléon, au milieu de tout l'orgueil de sa puissance, parut bien souvent pénétré de la fragilité de la destinée humaine : à Sainte-Hélène, captif et abreuvé d'amertume, il a laissé échapper ce cri déchirant : LA VIE EST UNE MALÉDICTION !!

Ses professeurs ne pouvaient pas manquer de remarquer ce solitaire et sérieux jeune homme. Ils en prirent de plus en plus une haute idée, malgré la nullité de ses progrès dans les genres d'étude qui étaient alors le plus en honneur. Plusieurs d'entre eux l'avaient jugé définitivement quant au caractère. Pichegru, qui avait été un de ses maîtres d'étude, disait à Londres, lorsqu'on délibérait si on tâcherait de gagner le général d'Italie : « N'y perdez pas votre temps; je l'ai connu dans son enfance, ce doit être un caractère inflexible; il a pris un parti, il n'en changera pas. » On prétend qu'un de ses maîtres, M. Léguille, chargé de rédiger des notes sur chaque élève, avait mis en marge du nom de Napoléon : « Corse de naissance et de caractère, il ira loin si les circonstances le favorisent. »

Si les circonstances le favorisent était le mot d'un homme sage. La nature commence les grands hommes, la fortune les achève. Or, existe-t-il dans les pages de l'histoire beaucoup d'hommes célèbres pour qui le sort ait plus fait que pour Napoléon ?

Quant à ce *caractère corse*, qui suffisait au professeur Léguille pour peindre d'un trait Napoléon, il serait superflu de vouloir le définir ici. Tout le monde sait qu'aux traits communs à toutes les populations méridionales de l'Europe, se mêle dans le Corse des habitudes nationales qui le distinguent par une sorte de supériorité au milieu de tous. Jaloux comme l'Espagnol d'autrefois, vindicatif comme l'Italien du moyen âge, mais n'ayant ni la morgue nationale de l'un, ni la souplesse un peu vile de l'autre; s'estimant sans se vanter, plaçant le point d'honneur dans la mort de son ennemi, mais ne le tuant qu'après une déclaration régulière d'hostilité, possédant à un très-haut degré l'esprit de famille, et confiant à cet élément de conservation le soin de perpétuer ses haines destructives; plein de fierté, et respirant l'amour ardent de cette indépendance pour laquelle il a si souvent et presque toujours si malheureusement combattu, le Corse, avec ses affections profondes, ses passions sauvages et ses vertus hospitalières, avec son esprit actif, ambitieux et capable d'un haut degré de civilisation et de culture, semble, jeté qu'il est par la nature au milieu de la Méditerranée, destiné à représenter le chaînon intermédiaire qui lie les races du Nord à celles du Midi ; et, chez lui, l'influence marquée de cette sorte de patronage, féodalité de bon gré, qu'exercent encore sur la population des campagnes les familles opulentes et renommées, est

aussi comme un monument des vieilles mœurs de l'Europe occiden-
tale au sein de la société nouvelle.

On sait quelle incroyable énergie les Corses déployèrent pendant
plus d'un siècle qu'ils furent réduits à défendre leur liberté et leur indépendance contre la république de Gênes et des troupes françaises, devenues ses auxiliaires. C'est dans les combats de cette période, si remplie de périls, que s'immortalisa Pascal Paoli, si justement nommé le
Kosciuscko de la Corse. Il eut à vaincre tout ensemble et l'invasion étrangère et les forces d'un parti formé par la trahison. Enfin, après deux
ans, à l'affaire de Pedicorte, ce parti fut entièrement détruit, et ce qu'on
appelait la *Guerre des bandits* fut heureusement terminée. Les Génois se
virent aussi condamnés à l'inaction par ce dernier triomphe. Paoli s'ap-
pliqua alors à rétablir l'ordre dans son pays qu'il avait rendu à la liberté,
et, pour assurer le bonheur du peuple, il voulut l'éclairer. Il établit
une imprimerie et un collége à Corte, et songea à donner à la Corse
des lois qui pussent être durables. C'est vers ce temps (1764) qu'il
entra en correspondance avec J. J. Rousseau. Le passage suivant du
Contrat social lui avait inspiré le désir de connaître ce grand homme :
« Il est encore en Europe un pays capable de législation ; c'est l'île de
Corse. La valeur et la constance avec laquelle ce brave peuple a su re-
couvrer et défendre sa liberté mériterait bien que quelque homme sage
lui apprît à la conserver. J'ai quelque pressentiment qu'un jour *cette
petite île étonnera l'Europe.* »

Paoli écrivit à Rousseau par l'intermédiaire du capitaine Buttafuoco,
qui était au service de France ; il invitait l'auteur du *Contrat social* à
s'occuper d'un plan de constitution pour la Corse. Flatté d'une pro-
position aussi honorable, Jean-Jacques, tout en signalant les obstacles
à l'exécution de ce projet, demanda des renseignements très-détaillés
concernant le pays sur lequel il était appelé à méditer, et songea
même à y faire un voyage ; mais diverses circonstances l'empêchèrent
de donner toute la suite désirable à ses idées, et on n'a retrouvé dans
ses papiers, après sa mort, que peu de chose touchant un sujet si
intéressant.

2

Cependant les Génois, débusqués de partout, et ne pouvant plus tenir contre l'énergique activité de Paoli, perdaient sans cesse du terrain. Ils se souvinrent que la France leur devait des sommes considérables, et ils offrirent d'en faire l'abandon si elle consentait à leur prêter, pendant quatre ans, le secours de ses troupes. Une convention régla cet objet, et, comme elle ne tarda pas à recevoir son exécution, la république de Gênes douta d'autant moins du prompt et entier succès de ses armes, que les Corses, malgré leurs succès, devaient être épuisés par une trop longue lutte, et que, depuis le traité d'Aix-la-Chapelle, ils avaient perdu l'assistance de la puissance anglaise. Les Français, ainsi que leur gouvernement s'était engagé à le faire, vinrent s'établir dans les principales places maritimes de l'île. Mais Paoli, prévoyant le moment où ils se retireraient, ne désespéra pas de la cause nationale, qu'il s'était vu sur le point de faire triompher lorsqu'ils étaient débarqués. Il s'empara de l'île de Capraïa et de plusieurs postes que les auxiliaires des Génois n'avaient pas occupés, et fit toutes ses dispositions, afin d'être en mesure d'agir à l'expiration de l'engagement pris par les Français.

Lorsque les garnisons amenées par M. de Marbœuf durent enfin évacuer les places qu'elles avaient tenues en séquestre, les Corses, qui étaient restés, pour ainsi dire, debout et constamment sous les armes, se promirent d'achever enfin l'œuvre de leur affranchissement. Paoli, toujours à leur tête, était toujours l'âme de leur insurrection; et ce grand citoyen, accusé d'aspirer à la souveraineté de son pays, après avoir dissipé ces soupçons et vaincu les rivalités personnelles qui entravaient son patriotisme, comptait que l'expulsion des Génois suivrait de près le départ des Français. Mais un nouveau traité, signé à Compiègne le 15 mai 1768, entre la France et le gouvernement de Gênes, déconcerta tous ses projets. Les Génois, fatigués d'une domination peut-être encore plus pénible pour eux que pour les Corses, et, finalement, convaincus qu'un peuple chez qui la volonté d'être libre ne périssait jamais était en effet indomptable, prirent le parti de céder à la France les droits qu'ils s'arrogeaient sur cette île, et dont ils avaient joui durant un long espace de temps. « Il restait à savoir, dit Voltaire (*Précis du siècle de Louis XV*), si les hommes ont le droit de vendre d'autres hommes ; mais c'est une question qu'on n'examina jamais dans aucun traité. On commença par négocier avec le général Paoli ; il pouvait s'attendre à des honneurs et à des récompenses ; mais il était chargé du dépôt de la liberté de sa patrie ; il avait devant les yeux le jugement des nations, il ne voulut pas vendre la sienne. »

Les Corses, indignés d'une transaction qui ne les arrachait à une tyrannie usée et vaincue que pour les abattre sous une domination plus puissante et plus redoutable, jurèrent la ruine des Français : « Unissons nos efforts, disait à ses compatriotes l'intrépide Paoli, et ne souffrons pas que les Français envahissent notre territoire pour nous traiter ensuite comme un troupeau de bêtes qu'on a vendues au marché. La justice de notre cause est connue de tout l'univers ; Dieu a protégé nos armes durant quarante années ; tout acte injuste est étranger au cœur de Louis XV ; le sort que nous subissons ne peut être que le fruit des intrigues de nos ennemis. Que le peuple soit en armes et toujours prêt à marcher au premier commandement ! »

Les Corses se battirent avec une incroyable vigueur ; maîtres d'un sol tout hérissé de positions aisées à rendre formidables, ils entreprirent une guerre d'embuscades qui jeta dans les troupes françaises la terreur et le découragement. Cinquante chasseurs des montagnes, abrités derrière une haie ou un rocher, faisaient reculer plusieurs compagnies de grenadiers. M. de Chauvelin, qui commandait les Français, et qui, enhardi par quelques escarmouches heureuses, s'était enfoncé dans l'intérieur de l'île, se vit forcé de négocier pour n'être pas détruit. Ses propositions furent rejetées avec dédain, et il expia par cette humiliation l'insolence sans excuse qu'il avait fait éclater en arrivant à l'égard des chefs de l'insurrection. Aussitôt que ses revers furent connus à la cour de Versailles, il fut rappelé, et un homme qui était mieux au fait des ménagements que demandait le génie corse le remplaça.

Cependant, les opérations militaires étant trop lentes, un projet de Vêpres Siciliennes contre les Français fut proposé par un prêtre et ac-

cueilli avec le plus unanime empressement. L'amour, qui se mêle plus
ou moins à toutes les choses de ce monde, et par qui ont souvent péri
les desseins politiques les mieux combinés, fit échouer celui-ci. Une
jeune fille, pour sauver le Français qu'elle aimait, sacrifia son pays et
envoya au gibet quatorze de ses compatriotes.

A l'arrivée du comte de Vaux, successeur de M. de Chauvelin, l'ef-
fectif des troupes françaises s'élevait à vingt-deux mille hommes. L'armée corse était de quinze mille ; c'était une guerre nationale, tout ce
qui pouvait encore ou pouvait déjà porter le poids d'un fusil, sortait des villes et devenait soldat : l'on vit nombre de moines et de
prêtres concourir à la commune défense et prendre place dans les rangs.
Ces braves insulaires étaient mal disciplinés ; mais la résolution de
vaincre ou de mourir tenait lieu d'une meilleure conduite militaire. Ils
se battaient comme les habitants de Sarragosse se sont battus de nos
jours, s'avançant sans tirer, essuyant le feu de l'ennemi et enlevant les
batteries le poignard à la main. Malgré ce courage acharné, la fortune
se déclara pour leurs adversaires. Paoli, battu successivement sur tous
les points et réduit à une poignée d'hommes, abandonna une patrie
malheureuse que la Providence livrait encore une fois à la merci du
plus fort, et se retira en Angleterre, où il reçut l'accueil le plus honorable ; on l'appela le *Timoléon corse*. Tous ceux d'entre ses compagnons qui ne pouvaient comme lui supporter le spectacle si douloureux
de la servitude du sol natal, se dispersèrent en Italie. Plus tard, lorsque les ministres de Louis XV firent insinuer à Paoli qu'on le verrait
avec plaisir retourner dans ses foyers, il refusa de venir sanctionner
par sa présence l'asservissement de ses compatriotes.

Le nom de Bonaparte, qui s'écrit aussi Buonaparte, se trouve hono-
rablement inscrit parmi ceux des sénateurs de Florence, de San-Miniato, de Bologne, de Sarsane, de Trévise. Au moyen âge, il fut porté
par des littérateurs, des prélats, et même par un saint. Ce saint était
un capucin, Bonaventure Bonaparte, qui, béatifié depuis un siècle,
n'avait pas encore eu les honneurs de la canonisation. Un vieux parent,
chanoine de San-Miniato, que Napoléon visita dans sa première cam-

pagne d'Italie, insista fort pour qu'il sollicitât du pape l'inaugura-
tion définitive du moine mendiant dans son panthéon ascétique.
Napoléon en rit beaucoup alors, et plus tard il eut de la peine à ré-
pondre sérieusement à Pie VII qui lui offrait de décréter cette sorte
d'apothéose [1].

Vers la fin du quinzième siècle, un Bonaparte, forcé de fuir sa patrie pour sa courageuse résistance à l'oppression étrangère, vint s'établir en Corse, et y devint la souche d'une branche, la seule dont les re-
jetons subsistent encore. C'est de cette branche qu'est issu Napoléon.
Ce nom de Napoléon, qui signifie en grec *lion du désert*, est celui d'un
saint si peu connu que Pie VII ignorait quel jour tombait sa fête, et
que c'est pour faire sa cour à l'Empereur des Français qu'il la fixa au
15 août, jour anniversaire de sa naissance. Cependant, ce nom avait
été adopté parmi les Lomellini, et les Ursins, alliés à la famille Bonaparte à une époque où sa légende devait être plus connue qu'aujour-
d'hui. Quoi qu'il en soit, on découvrit, à l'époque du concordat, que
saint Napoléon figurait parmi les martyrs grecs.

Le père de Napoléon, Charles Bonaparte, était fils unique de Joseph,
qui avait deux frères. Le premier, Napoléon, ne laissa qu'une fille, ma-
riée au chef de la maison Ornano; l'autre, Lucien, qui mourut octo-
génaire en 1791, était prêtre et archidiacre du chapitre d'Ajaccio.

Charles Bonaparte était seul appelé à perpétuer un nom qui devait
briller d'un éclat inouï dans l'histoire des siècles. Il acquit les connaissances d'un homme distingué dans les universités de Rome et de Pise,
où il reçut le diplôme de docteur en droit. De retour dans sa patrie, il
épousa Lætitia Ramolino, jeune personne d'une remarquable beauté,

---

[1] «Il y avait jadis, disait Napoléon à Sainte-Hélène, un Bonaventure Bonaparte, qui vécut et
mourut dans un cloître. Le pauvre homme reposait tranquillement dans sa tombe, et on n'y
songeait plus, lorsque je montai sur le trône de France. Alors on s'avisa de se rappeler qu'il
possédait de son vivant des vertus et des qualités auxquelles jamais personne n'avait pensé
auparavant, et on me proposa de le faire canoniser. « Pour l'amour de Dieu, répondis-je,
« épargnez-moi ce ridicule. » Comme le souverain pontife était en mon pouvoir, on n'aurait
pas manqué de dire que je l'avais forcé à faire un saint d'un des membres de ma famille. »
(*Complém. du Mémorial de Sainte-Hélène*, t. IV, p. 62.)

et qui tirait son origine des Colalto, de Naples. Lætitia Ramolino est la mère de Napoléon.

Charles Bonaparte s'était destiné au barreau; les malheurs de sa patrie firent de lui un soldat, et il dut à sa valeur et à son intelligence d'être remarqué par Paoli, dont il devint l'ami intime; bientôt l'occupation d'Ajaccio par les Français l'obligea à chercher avec sa famille un asile à Corte, au centre de l'île, et à gagner plus tard les montagnes, derniers refuges des troupes patriotes. Après bien des vicissitudes, des fatigues et des périls de tous genres, il trouva enfin quelque repos sur la cime des monts Rondo. C'est de là que madame Bonaparte, qui alors était enceinte de plusieurs mois, sollicita et obtint du maréchal de Vaux un sauf-conduit pour retourner à Ajaccio.

Madame Bonaparte était une femme d'une grande piété : le 15 août 1769, jour de l'Assomption, bien qu'elle sentît les préludes douloureux de l'enfantement, elle ne crut pouvoir, vu la solennité du jour, se dispenser d'assister à l'office divin. Bientôt les symptômes de sa prochaine délivrance devinrent tellement pressants, qu'elle dut en toute hâte regagner le toit conjugal; mais elle ne put arriver jusqu'à sa chambre à coucher, et l'enfant à qui elle donna le jour fut déposé sur un tapis à grands personnages dans un salon qu'elle n'avait pas eu le temps de traverser; il était alors midi. Cet enfant qui venait de naître était le futur dominateur de l'Europe : c'était Napoléon.

Il vint donc au monde au milieu des troubles qui déchiraient son pays, et parmi les nouveaux maîtres qui lui étaient si violemment imposés; il put donc sucer avec le lait l'horreur des dominations injustes et des pouvoirs usurpés ; il put même trouver dans sa famille un ample héritage de traditions généreuses; car son père, ami de Paoli et le digne compagnon de ce grand patriote, n'était pas le premier de sa race qui eût vaillamment combattu pour la liberté.

Charles Bonaparte, lorsque fut perdue la sainte cause dont il avait été un des plus ardents défenseurs, ne suivit pas à l'étranger son illustre ami. Les instances d'une épouse tendrement aimée l'empêchèrent de s'exiler avec lui; il lui fallut faire violence à ses sentiments d'indépendance et les sacrifier à d'autres affections; il était époux et père. Cependant, la Corse conquise avait reçu de la France des états provinciaux, avec la faculté d'être administrée, comme auparavant, par une haute magistrature composée de douze nobles du pays. Dans cette occasion, la noblesse de Charles Bonaparte fut officiellement reconnue. Tous les Corses se prétendaient nobles, et, à ce titre, ils se refusaient à payer aucun impôt, en même temps qu'ils se croyaient tous appelés, soit à élire la magistrature, soit à l'exercer. M. de Marbœuf, alors gouverneur, obligé de faire un triage dans la multitude de ces prétendants, plaça la famille Bonaparte au nombre des quatre cents qui restaient définitivement en possession du privilége. Bientôt après, Charles fut élu assesseur au tribunal d'Ajaccio; c'était un acheminement vers la suprême magistrature. En 1779, une députation des trois ordres ayant été envoyée au roi de France, il fut choisi pour représenter celui de la noblesse; il emmena avec lui ses deux fils, dont l'ainé, Joseph, fut placé dans le collége d'Autun; et le plus jeune, ainsi que nous l'avons dit, à l'école militaire de Brienne.

On a vu à Paris, à l'époque du mariage de Napoléon avec Marie-Louise, le portrait de son père figurer au salon d'exposition. Le pinceau de Girodet l'avait revêtu d'un costume éclatant de richesse et d'élégance. Sa figure respirait la douceur en même temps qu'elle avait un caractère de grandeur, et cette belle peinture était ainsi désignée dans le livret : *Charles Buonaparte, député de la noblesse corse en 1779.*

Mais cette occasion est la seule où Napoléon ait paru jaloux d'avoir des aïeux ; et comme, pour décider positivement cette question tant de fois agitée de la noblesse de sa race, il est bon de savoir ce qu'il en pensait, lui tout le premier, nous reproduirons ici ce qu'il en disait à Sainte-Hélène, au rapport d'O'Méara. Alors, séparé du monde, et sentant sa fin prochaine, si la vraie gloire pouvait encore le toucher, à coup sûr au moins les misérables supercheries de la vanité ne devaient lui inspirer qu'un profond dédain, et c'est pro-

bablement avec une naïve franchise qu'il s'exprimait à cet égard. Or,
il disait :

« L'empereur François, qui attache le plus haut prix à l'ancienneté
de la naissance, désirait vivement pouvoir prouver que je descendais
en ligne directe de l'un des anciens tyrans de Trévise ; et après mon
mariage avec Marie-Louise, il employa diverses personnes pour com-
pulser de vieux titres de noblesse, dans lesquels il pensait trouver la
preuve de ce qu'il désirait avec tant d'ardeur. Il crut avoir réussi, et
il m'écrivit pour me demander si je voulais laisser publier le résultat
de ses importantes recherches, revêtu de toutes les formes officielles.
Je refusai. Il avait tellement cette affaire à cœur, qu'il m'écrivit de
nouveau, et me dit : *Laissez-moi faire*, en ajoutant que je n'avais nul
besoin de paraître prendre part à la chose. — Je répondis qu'il était
impossible de faire croire qu'un document qui avait pour objet de
prouver l'ancienneté de ma famille et une descendance masculine d'une
souche souveraine pût être accueilli et publié sans ma participation ;
que j'aimais mieux passer pour le fils d'un honnête homme que pour
l'arrière-petit-neveu d'un obscur tyran de l'antique Italie ; que j'étais
le *Rodolphe* de ma famille. »

Napoléon se souciait donc peu d'avoir des *avi*, des ancêtres ; peu
lui importait que son père se fût qualifié de messire et eût attaché
à son nom la particule distinctive ; les membres de sa famille dans la
ligne maternelle avaient pu être désignés dans des actes authentiques
sous le titre de nobles parents ; lui, il était trop pénétré de sa valeur
personnelle pour vouloir emprunter quelque lustre aux problématiques
constatations d'une généalogie. Aussi, lorsqu'il épousa madame de
Beauharnais, voulut-il que, sur le registre de l'état civil, Charles Bonaparte, son père, ne reçût d'autre qualité que celle de *rentier*.

Le père de Napoléon avait pour lui une prédilection toute particulière ;
il l'avait adoré enfant, parce qu'il lui trouvait toutes les qualités que
les Corses apprécient le plus : il le voyait vif, preste, turbulent à
l'excès et fort adroit ; il admirait sa présence d'esprit et sa ténacité
dans les luttes qu'il se plaisait à engager, et qu'il soutenait opiniâtré-

ment. Dès ses plus jeunes ans, Napoléon exerça sur ses frères et sœurs un ascendant irrésistible. Joseph, dont la naissance avait précédé d'un an la sienne, ne cessa jamais de subir cette influence, qui devait un jour s'étendre jusqu'aux rois. Lorsque Charles Bonaparte mourut à Montpellier, c'était en 1785, il avait à peine trente ans, et il laissait après lui une nombreuse progéniture, cinq garçons et trois filles. Dans sa délirante agonie, il appelait sans cesse Napoléon, comme si celui qui avait été son espérance pouvait lui être de quelque secours à ses derniers moments. Quelques années plus tard, son grand-oncle, l'archidiacre Lucien, est au lit de la mort ; près de rendre le dernier soupir, il veut réunir autour de lui ceux pour lesquels il a été un second père et auxquels il avait voué son affection. Toute la famille est rassemblée dans la chambre du moribond : Joseph assis près de son lit, Jérôme, encore enfant, Louis, Lucien et ses sœurs fondaient en larmes ; Napoléon, les yeux fixés sur son grand-oncle, la pâleur sur le front, semblait absorbé dans la pensée de la perte qu'il allait faire. Tout à coup, le mourant rassemble ses forces, et saisissant le bras de Joseph, à qui il montre Napoléon : « Tu es l'aîné de la famille, lui dit-il d'une voix affaiblie ; mais souviens-toi toujours qu'en voici le chef. » Prédiction remarquable, accomplie d'une manière plus remarquable encore ! Peu d'années doivent s'écouler, et le jeune chef de famille sera le chef d'une grande nation, il distribuera des couronnes ; et tous ces enfants qui recueillent le dernier soupir de leur vénérable parent, occuperont des trônes, hors celui qui aura refusé d'y monter !

L'archidiacre Lucien l'avait deviné de bonne heure, plus heureux en cela que ce lourd professeur d'allemand, Bauer, qui, ne concevant pas qu'on pût avoir de l'esprit et ne pas goûter ses leçons, s'inscrivait contre la prévision générale ; selon lui, Napoléon ne *devait jamais rien savoir*, il n'était qu'une *bête*. C'était un jugement pareil que portait un greffier genevois sur l'auteur du *Contrat social*, employé comme expéditionnaire dans ses bureaux. « Rousseau, disait-il, n'était qu'un *âne* qui ne ferait jamais rien. » Rousseau un âne et Napoléon une bête ! quelle absence de perspicacité ! quelle immense sottise ! Mais le tudesque

5

pédagogue l'emporte encore sur le greffier, car il était seul de son avis, et, avec plus de bon sens, il aurait dû réformer sa sentence sur l'avenir du jeune élève, qu'un savant professeur de mathématiques, le père Patrault, n'appelait jamais que son *premier mathématicien.*

A la mort du père de Napoléon, M. de Marbœuf, avec qui il s'était lié depuis la pacification de la Corse, continua d'être le protecteur de la famille Bonaparte. Napoléon était celui de tous les enfants de Charles que ce gouverneur aimait le plus. Cette prédilection a été expliquée, comme chacun sait, d'une manière fort injurieuse à la réputation de madame Bonaparte mère. Sans doute l'histoire, lorsqu'elle sera faite par nos neveux, dédaignera de descendre à la discussion de cette calomnie, comme de tant d'autres plus honteuses ou plus absurdes, dont les passions contemporaines ont voulu souiller le nom qu'un grand homme a porté si haut. Pour nous, qui ne pouvons absolument nous refuser aux exigences de ces passions encore vivantes devant nos yeux, en dépit de quelques tardives amendes honorables de la part de misérables pamphlétaires, nous ferons seulement remarquer qu'un homme, un Corse, qui avait combattu avec tant de distinction pour la liberté de son pays, avait, sans contredit, l'âme trop élevée, et, en même temps, était trop capable de cette vigilance conjugale, vertu exagérée chez ses compatriotes, pour que ces liaisons criminelles aient pu exister de son vivant. Il ne serait pas impossible qu'après sa mort le désir d'assurer à sa nombreuse famille un protecteur puissant eût influé sur la conduite de madame Bonaparte, ou que le sentiment de la reconnaissance, toujours si impérieux sur une belle âme, l'eût laissée sans défense contre une faiblesse, et que la sainte pudeur du veuvage eût été sacrifiée aux prévoyances et aux sollicitudes de la maternité. Mais, dans cette hypothèse, Bonaparte déjà n'aurait rien à reprocher à sa mère pour sa naissance, et à son berceau, du moins, on ne lui contestera pas d'avoir été légitime.

La situation de la famille Bonaparte était plus que malaisée. Les exhortations paternelles durent, plus d'une fois, faire retentir le mot de faire fortune aux oreilles de tous ces enfants qui s'avançaient vers un incertain avenir. Les premières impressions, toujours si puissantes dans le jeune âge, le sont bien plus lorsqu'elles se composent des tristes images du besoin, de la pauvreté et des mépris qui s'attachent à leur suite. Une ardeur immodérée d'acquérir, une dévorante et périlleuse émulation d'avancement enflamment de bonne heure ceux qui ont subi tous les inconvénients de ces détresses du logis (*angusta domi*). Témoins de toutes les dissidences domestiques qui empoisonnent la paix du foyer, et qui, le plus souvent, n'ont pas d'autre source qu'une gêne intolérable, les enfants, en lisant le souci rongeur sur le front de leurs tristes parents, se promettent bien d'obtenir les faveurs de la fortune à quelque prix que ce soit. Dans l'âme du jeune Napoléon, qui avait toute la fierté, ou, si l'on veut, tout l'orgueil corse, telles durent être les premières excitations de l'amour-propre ; et, chez lui, de l'ambition de parvenir dut naître, comme moyen, la soif de se distinguer.

Arriver, mais arriver promptement, lui parut le grand but de la vie ; le succès était d'abord tout pour lui, et le choix de la voie à prendre pour l'assurer, une considération secondaire, faite pour arrêter seulement de vulgaires et timides esprits. Il se plaçait tout d'un coup en face du résultat, et, du moment qu'il le voulait, peu lui importait ce qu'il aurait à franchir : le chemin le plus court ou le chemin le plus sûr était toujours le meilleur. Un jour, à l'École militaire de Paris, quelqu'un faisait l'éloge de Turenne. « Oui, c'était un grand homme, dit une dame ; mais je l'aimerais mieux, s'il n'eût pas brûlé le Palatinat. — Qu'importe, reprit vivement le jeune Napoléon, si cet incendie était nécessaire à l'accomplissement de ses desseins ? » Ce mot, qui n'était peut-être alors qu'une échappée de jeune homme, devint pour celui qui le prononçait une maxime de conduite et une prédiction ; il a été cité comme atroce par les hommes qui ignorent ou qui veulent ignorer les affreuses exigences de la guerre. Il faut du sang pour épargner le sang, et, quelquefois, n'avoir pas le courage de produire un embrasement, c'est éloigner le terme où se fermeront toutes les plaies d'une lutte homicide. Les flammes, le meurtre, l'épouvante, la terreur qui les précède ou qui les suit, peuvent être aussi des calculs au profit de l'humanité chez un général qui n'est pas pusillanime.

Napoléon ne resta que peu de temps à l'École militaire de Paris. Au mois d'août 1785, il se présenta au concours pour entrer dans l'arme de l'artillerie. Le célèbre mathématicien Laplace, dont il devait faire plus tard un sénateur de l'Empire, fut son examinateur. Sur trente-six concurrents, Napoléon n'obtint que la douzième place; il fut moins brillant dans cette épreuve qu'on ne s'y était attendu. Quoi qu'il en soit, il fut envoyé comme lieutenant en second au régiment de La Fère, alors en garnison à Valence. Quelques troubles, survenus à Lyon, y appelèrent le bataillon dont il faisait partie, et qui, ayant été de là dirigé sur Douai, revint bientôt après à Auxonne, où Bonaparte séjourna quelque temps.

A cette époque, l'académie de Lyon avait mis au concours cette question, posée par Raynal : « Quels sont les principes et les institutions propres à rendre les hommes le plus heureux possible ? » On ne pouvait chercher la solution de ce grand problème sans aborder les idées révolutionnaires ; il fallait aller jusqu'aux confins de la démocratie. Napoléon concourut sous le voile de l'anonyme, et, bien qu'il ne se fût pas arrêté à la limite, il eut la satisfaction de voir son mémoire couronné. « Être heureux, y disait-il, c'est jouir pleinement de la vie, de la manière la plus conforme à notre organisation morale et physique. » La jouissance de la plus entière liberté était un des corollaires de cet énoncé. Il eût été curieux de pouvoir rapprocher les idées du jeune lieutenant des maximes et surtout des actes de l'Empereur. Mais il n'existe plus vestige du mémoire où elles étaient exprimées, et l'on ignorerait complétement dans quel esprit il était conçu, si son auteur ne l'avait révélé dans ses entretiens avec le comte de Las-Cases. C'est à Talleyrand que doit être imputée la perte de cette œuvre. Informé de son existence, il ordonna des recherches dans les archives de l'académie de Lyon ; on la découvrit et on la lui envoya. Il ne l'eut pas plutôt reçue, qu'il courut tout joyeux la présenter à Napoléon, qui, retrouvant dans cet écrit des sentiments qu'il avait dès longtemps abjurés, s'empressa de le jeter au feu. C'était l'âme pure du jeune homme qu'il anéantissait, pour qu'elle ne fût pas un reproche pour celle du souverain.

L'Empereur, de qui l'on tient ces détails, ajoutait plaisamment :
« Comme on ne s'avise jamais de tout, Talleyrand, avant de me remettre
cette pièce, ne s'était pas donné le temps d'en prendre une copie. »

Vers la même époque, il entreprit une histoire de la Corse, qu'il
communiqua à l'abbé Raynal, avec qui son mémoire l'avait mis en
relation. L'auteur de l'*Histoire philosophique* donna des éloges à ce
travail, et l'engagea à le publier. Depuis 1830, divers journaux en ont
fait paraître des fragments ; le style, quoique inégal, en est souvent
énergique et chaleureux ; c'est la parole ardente d'un tribun, la vigueur d'un Gracque, se déployant à travers de petits événements, trop
semblables à des intrigues domestiques ; ce sont les pénates défendus
avec véhémence, souvent avec colère. « J'étais tout de feu alors, disait
Napoléon en parlant de cet ouvrage, je brûlais de patriotisme, de liberté ; le républicanisme s'exhalait par tous mes pores. » C'est ainsi
qu'il employait les loisirs de la garnison. Il fit imprimer à Dôle, au
nombre de cent exemplaires seulement, et à ses frais, une lettre à
Matteo Buttafoco, député de la Corse aux états généraux ; il y exposait
avec une fine ironie les turpitudes politiques de cet homme qui avait
trahi les intérêts de la Corse et s'était mis à la solde de M. de Choi-
seul. Le club patriotique d'Ajaccio vota l'impression de cet opuscule
et adressa, par l'organe de son président, des félicitations à l'auteur.
On a recueilli de la bouche de l'imprimeur de cet écrit des détails fort
curieux sur la position de Napoléon à cette époque. « Il se faisait, dit-
il, remarquer dans le monde par des connaissances étendues, un esprit prompt, et une vivacité de discussion qu'il est toujours rare de
trouver dans un jeune homme. Il avait une confiance en lui-même qui
en inspirait à ceux qui l'entouraient, et qui le faisait regarder par ses
camarades comme un homme à part. Il brillait partout ; mais quel
contraste lorsqu'on pénétrait dans son intérieur ! Rien de si modeste
que la chambre qu'il occupait : un mauvais lit sans rideaux, une table
chargée de papiers, deux chaises, formaient tout son ameuble-
ment ; dans un cabinet contigu était un matelas sur lequel couchait
son frère Lucien, dont il dirigeait alors les études mathématiques. Il

paraissait en ce moment n'avoir d'autre ressource que sa solde de lieutenant. Les secours paternels, qui lui avaient jusque-là procuré une sorte d'aisance, se trouvèrent tout à coup interrompus par les malheurs de la guerre, qui avaient, presque sans relâche, pesé sur sa famille. Toutefois, sa pauvreté, qu'il supportait noblement, n'ébranla pas la confiance qu'inspiraient ses habitudes d'ordre et son exacte probité. Aussi, lorsque les aumôniers de l'armée furent supprimés, celui de son régiment pensa-t-il que les vases sacrés ne seraient nulle part plus en sûreté que chez le jeune Bonaparte. Ses camarades le jugeaient à l'épreuve de toutes les tentations, et ils avaient une foi inébranlable dans la pureté de ses sentiments, dans la fixité comme dans la sûreté de ses opinions ; ils le tenaient tout à la fois pour homme de portée et pour homme de résolution ; ils lui reconnaissaient la supériorité des vertus, du savoir et du talent, et ils ne doutaient pas que tout ce qu'ils remarquaient en lui de transcendance ne grandît encore par la difficulté des circonstances et des événements. Se proposait-il un but, ce but n'était pour lui au-dessus d'aucun effort.

Tout le temps que dura l'impression de la brochure contre le traître Buttafoco, Napoléon fit à pied, presque tous les jours, le trajet d'Auxonne à Dôle (4 lieues de poste) ; il partait dès l'aurore et était ordinairement de retour avant midi.

La vocation militaire de Napoléon était des plus prononcées ; mais, s'il rêvait la destinée des grands capitaines, il nourrissait en même temps des idées d'organisation, et il n'était pas étranger aux méditations de l'homme d'État. Il nous a appris lui-même qu'à cette époque il pensait fortement, possédait une instruction solide et une logique des plus serrées. Il avait immensément lu, profondément médité, « et peut-être, ajoutait-il, avait-il perdu depuis. »

Du régiment de La Fère il passa dans celui de Grenoble, alors en garnison à Valence, et ce fut dans cette ville, sur laquelle il avait été dirigé à sa sortie de l'École, qu'il reçut le brevet de capitaine. C'était le moment où tous ceux qui avaient à se plaindre de l'ancien régime ou du sort se lançaient au milieu de la tourmente, dont la violence était nécessaire pour déraciner les abus de la vieille France et saper sur leurs bases iniques les antiques institutions. Le jeune Napoléon se réjouit d'entendre gronder l'orage. « Les révolutions, disait-il, sont un bon temps pour les militaires qui ont de l'esprit et du courage. » Plus tard, il avouait, dit-on, que s'il eût été général, il aurait embrassé le parti de la cour ; mais que, dans un rang inférieur, il avait dû embrasser le parti de la révolution.

Il est impossible de ne pas remarquer ici que Napoléon, qui devait son éducation aux faveurs du trône, pouvait raisonner d'après d'autres principes. Lui, nourri des sucs généreux de la morale des anciens, devait peut-être comprendre différemment l'alternative dans laquelle le plaçaient sa qualité d'élève d'une école royale, et le désir de suivre le torrent pour faire un chemin plus rapide ; mais déjà toutes les idées sur lesquelles nos pères avaient vécu commençaient à se confondre, et c'est Napoléon lui-même qui les a restaurées, lorsque, monté sur le trône de France, il a remis en honneur, comme base de toute bonne morale monarchique, l'inviolable reconnaissance, la fidélité, le dévouement sans bornes, en un mot, le culte idolâtrique du souverain. Alors si, parmi cette ardente jeunesse, formée pour lui dans les écoles qu'il avait établies, et si remplie de lui, un novateur hardi eût attaqué la nécessité ou la convenance de cette orthodoxie napoléonienne, de combien d'épithètes infâmes la multitude de ses fanatiques compagnons et les décrets du maître lui-même ne l'eussent-ils pas flétri !

Dans le régiment où servait Napoléon, l'esprit des soldats était révolutionnaire ; mais la majorité des officiers professait des principes aristocratiques : ils émigrèrent. Napoléon et trois autres capitaines, Gouvion, Vaubois et Galbo-Dufour, qui, dans la même carrière, parcoururent un espace bien différent, demeurèrent à la tête de la troupe dont ils partageaient les opinions.

Un des premiers bienfaits de la révolution française était la liberté ; dès lors c'était un grand bonheur pour les peuples de vivre sous les mêmes lois que la France. Telle était la conviction de Paoli, lorsque, sur l'appel de l'Assemblée constituante, il quitta l'Angleterre et vint à Paris recevoir des mains de Louis XVI le commandement militaire de la Corse, et, de celles des enthousiastes des nouvelles idées, une couronne civique. Véritablement digne de cette récompense, selon le rite romain, ce citoyen, dont le désintéressement n'était pas la moindre des vertus, se montra dans les fêtes que lui donnèrent les hommes marquants de cette époque; et, après cette apparition, en quelque sorte triomphale, il rentra dans son pays aux acclamations de ses concitoyens, qui n'avaient pas cessé de conserver pour lui une vénération profonde.

Ce fut peu de temps après le retour de ce chef que Napoléon, profitant d'un semestre, alla visiter le sol natal. Il y rencontra Paoli, qui l'accueillit comme le fils d'un ami. Le chef corse fut frappé des réponses saccadées, brèves, bouillantes d'énergie et d'indépendance du jeune officier; il aimait à le voir près de lui, et il le voyait avec une vive satisfaction afficher les sentiments les plus démocratiques. Cependant, la bonne intelligence entre les Français et Paoli ne fut pas de longue durée. Les héritiers de la Constituante avaient des principes que ce général ne jugeait pas applicables à un pays qui n'avait à se plaindre que des dominations étrangères, et qui n'avait jamais entrepris la guerre que pour les repousser. Peut-être aussi ses habitudes, déjà tout anglaises, lui firent-elles désirer de trouver une assistance pour sa patrie native contre cette nouvelle tyrannie, la tyrannie au nom de la liberté, chez les mêmes hommes, et auprès du gouvernement qui lui avait donné un asile. Paoli pouvait, en outre, mal juger des nécessités les plus impérieuses, au moment où elles justifiaient le plus une action violente et terrible. Ami de la liberté, il n'appréciait pas tous les sacrifices qu'exige son établissement lorsqu'elle est encore en face d'ennemis puissants. Quoi qu'il en soit, dénoncé par ceux dont sa présence contrariait les projets en Corse, et mandé à la barre de la Convention nationale, au lieu d'apporter en France une justification qui lui semblait inutile, il continua à se servir de sa puissante influence pour préserver la Corse des malheurs qui ensanglantaient la

France. Il résista même, investi qu'il se voyait de la confiance et de l'attachement de la grande majorité de ses compatriotes, aux représentants qui lui furent envoyés par la Convention. Dès lors il fut déclaré traître à la patrie et mis hors la loi. On savait d'ailleurs qu'il avait désapprouvé la condamnation de Louis XVI, et, dans le langage d'alors, une larme donnée à la mémoire du tyran était un complot liberticide. On ne pardonnait pas à cette croyance, pourtant si généreuse, qu'une grande nation, en brisant le trône constitutionnel où s'était assise la trahison, aurait agi plus sagement en n'infligeant au monarque coupable que l'humiliation de sa déchéance et une captivité en lieu sûr. Paoli, après quelques tentatives d'insurrection, retourna dans sa retraite à Londres, et désormais, recommandant à Dieu sa patrie, si impuissante à résister au choc de la révolution de France, il regarda de loin la ruine et le néant de tous les projets de liberté qu'avaient formés comme lui tant d'hommes magnanimes. C'est dans cet exil qu'il termina son honorable carrière, nous devrions dire *illustre*, dans un temps surtout où le mot honorable n'est plus qu'une épithète banale, souvent prostituée à ce qu'il y a de plus méprisable sur la terre ; car Paoli fut un de ces grands citoyens pour qui les beaux noms et les nobles désignations ont été inventés.

. La levée de boucliers de Paoli, ce dernier acte de sa vie politique, détermina le premier acte de celle de Napoléon Bonaparte. Après avoir vécu quelque temps auprès de son illustre compatriote, comme un disciple plein d'admiration et de dévouement, après avoir secondé ses efforts contre le parti aristocratique de l'île, il cessa de marcher avec lui, ou plutôt il franchit la barrière devant laquelle s'était arrêté ce vénérable républicain, qui, n'envisageant pas assez la grandeur des obstacles amoncelés par la perfidie des incurables partisans des vieux abus, croyait à la possibilité de concilier l'esprit de réforme avec l'esprit de modération. Paoli s'épouvanta des fortes et urgentes mesures que, dans des conjonctures si graves, commandait impérieusement le salut de la République ; il n'y voyait que des excès odieux au profit du génie de la destruction, ou les fureurs de la licence démagogique portée à son comble. Lancé avec d'autres convictions dans le parti démocratique, le jeune Bonaparte se signala parmi les plus ardents propagateurs de toutes les théories révolutionnaires, et mérita d'être nommé lieutenant-colonel de la garde nationale. Il ne pouvait voir l'intérêt de la Corse que dans son agrégation à la France, tandis qu'au contraire Paoli, toujours épris d'une vive passion pour l'indépendance de son pays, et croyant pouvoir restituer au peuple corse le bienfait d'une nationalité distincte, espérait arriver à ce résultat sous la protection de l'Angleterre. Il entreprit de gagner Bonaparte à ses desseins ; mais celui-ci, soit qu'il jugeât la Corse un théâtre trop étroit pour son ambition, soit qu'il fût convaincu de l'impossibilité de résister aux forces trop supérieures de la France, dont les événements du 10 août, qui s'étaient passés sous ses yeux, lui avaient fait concevoir l'idée la plus gigantesque ; soit enfin qu'il crût que le bonheur de sa patrie tenait à son union avec le pays auquel il devait son éducation, résista à toutes les instances du vieux général. Il regardait, au surplus, l'état de crise où se trouvait alors la jeune république, comme passager. « Tout ce qui est violent, disait-il, ne peut pas durer. »

Il a été écrit quelque part que Napoléon, sans se départir des principes dont Paoli blâmait l'exagération, avait tâché de conformer sa conduite à la reconnaissance qu'il devait à ce général, dont l'amitié et l'influence avaient d'abord été son seul appui et son unique recommandation dans son propre pays, et qu'en 1793, lorsque Paoli fut accusé au sein de la Convention nationale, il s'empressa de prendre sa défense. On dit qu'il afficha de sa propre main, sur les murs d'Ajaccio, une protestation de cette commune contre le décret d'anathème qui déclarait Paoli ennemi de la République. On ajoute que les proconsuls Lacombe Saint-Michel et Salicetti punirent cette généreuse audace par un mandat d'arrêt, décerné contre Napoléon lui-même, et, qu'après avoir à grand'peine obtenu sa liberté, il rentra en France à l'époque du siége de Toulon. Ce fait si honorable pour Napoléon n'a pas été admis par les écrivains qui nous ont précédé. On ne le trouve que dans une notice publiée à Londres, vers la fin du siècle dernier.

Ailleurs, on reproche, au contraire, à Napoléon, d'avoir exactement mesuré son dévouement à Paoli sur les progrès croissants et décroissants de l'ascendant qu'il exerçait sur la multitude, et de l'avoir totalement abandonné, lorsque, atteint par le décret de la Convention, cet intrépide et vertueux citoyen se persuada que l'intérêt de ses concitoyens lui prescrivait d'insurger l'île contre la France. Leur rupture avait même éclaté avant la mise à exécution de ce dessein. Au commencement de 1793, Napoléon avait été investi du commandement d'une petite expédition, destinée à agir au nord de la Sardaigne, pendant que le contre-amiral Truguet, chargé de réduire cette île, attaquerait Cagliari. A la tête de deux bataillons de garde nationale corse, il avait tenté de s'établir dans les îles du détroit de Bonifacio, et avait occupé le fort San-Stefano, ainsi que l'île de la Madeleine, au nom de la République. Ce succès, bien qu'on pût le contester en partie, enfla vraisemblablement le cœur du jeune homme, et il put d'autant mieux s'en prévaloir que l'expédition principale avait manqué. Tel est le premier exploit de Napoléon, c'était tout à la fois un échec et une victoire ; mais à ses yeux c'était un beau début, et il se jugea dès lors assez accrédité parmi les siens pour rompre sans ménagement avec le chef vénérable qui avait été l'ami de son père, le sien, son guide et son appui.

Il paraît que Napoléon avait préludé à ses travaux révolutionnaires, dans l'île, par quelques écrits de circonstance qui avaient été comme son manifeste contre Paoli et les dissidents. Le premier était un discours véhément contre les éternels ennemis des lumières, c'est-à-dire contre les nobles et les prêtres, toujours prêts à combattre le progrès qui tend à fonder l'égalité et la fraternité dans la famille humaine. La seconde de ces productions était un poëme sur la liberté. Mais, s'il faut en croire les personnes qui furent à portée de connaître ce discours et ce poëme, ni l'un ni l'autre ne faisaient présager le grand homme. Napoléon ne fut applaudi que par la jeunesse fougueuse et à demi barbare qui l'environnait. N'ayant fait aucune sensation dans la classe éclairée et influente de ses compatriotes, il comprit peut-être dès lors que la nature ne l'avait pas destiné à grossir le nombre des publicistes ses contemporains; il brisa sa plume. Un succès marqué lui eût peut-être imprimé une direction toute différente de celle à laquelle il s'arrêta.

L'arrivée des envoyés de la Convention en Corse, l'annonce des colères qu'ils y apportaient, avaient été le signal de la réunion des aristocrates et des républicains attachés aux idées de Paoli. Les dissensions intestines cessèrent de nouveau devant la menace de la tyrannie étrangère. Les habitants d'Ajaccio étaient, depuis longtemps, opposés à la révolution; ils avaient déjà refusé de laisser administrer leur conscience par ceux des prêtres qui avaient juré la constitution civile du clergé, et un évêque, nommé par la Convention, n'avait pu occuper le siége de cette cité. Napoléon, avec les jacobins de son pays, avait tenté un coup de main pour réduire les opposants; le lundi de Pâques 1792, au moment où le peuple sortait de l'église, il fit tirer sur la foule par le bataillon de garde nationale qu'il commandait. Ce petit Treize Vendémiaire ne réussit pas, et les compatriotes de Bonaparte, ceux, du moins, qui ne voulaient pas recevoir la loi de la grande république une et indivisible, traitèrent d'infâme guet-apens ce qu'à Paris on regarda comme un excès de zèle ou comme une imprudence de jeune homme. Pourtant, dit-on, le cri de l'indignation générale força la Convention de le mander à Paris; il y vint et se justifia. Mais dès lors il eut dans sa patrie même d'implacables ennemis.

D'après une autre version, il serait sorti de l'île pour obéir à un décret de bannissement, provoqué et signé par le général Paoli, à la tête de la *consulta* (sénat corse). Si pareil décret a jamais existé, il y a longtemps qu'il n'en reste plus de vestige. Mais le fait que nous venons de raconter, selon ceux qui l'admettent, appartiendrait à l'année 1792, et il est constant que Napoléon ne quitta la Corse qu'en 1793. Il ne l'est pas moins, à la vérité, qu'il en fut expulsé, avec une foule d'autres révolutionnaires, lorsque les représentants du peuple, Salicetti et Lacombe Saint-Michel, furent repoussés par les habitants d'Ajaccio. Voici en quels termes il exprimait ses souvenirs de cette époque à Sainte-Hélène : «Paoli, disait-il, était un bien grand homme ; je l'aimais : il nous chérissait tous. Nous étions à Corte quand il prit la funeste résolution de faire passer la Corse sous la domination des Anglais. Il m'en fit d'abord un mystère ; Gentili ne m'en parla pas non plus. Quelques mots, lâchés par méprise, me donnèrent l'éveil ; je récapitulai ce que j'avais vu, entendu : je ne doutais plus de leur dessein. Nous étions loin de compte ; je m'en expliquai plusieurs fois d'une manière indirecte. Je commandais un corps de gardes nationales ; il fallait bien me mettre dans la confidence. Ils ne désespéraient pas, d'ailleurs, de triompher de mes idées, de mon antipathie ; ils me proposèrent d'agir de concert avec eux. Je n'en avais garde ; je ne respirais que la France ; je ne voulais pas débuter par la trahison. Mais il fallait échapper, gagner du temps ; je demandai à réfléchir. L'amitié de Paoli m'était chère ; il m'en coûtait de rompre avec lui ; mais la patrie ! c'était mon étoile polaire. Je m'éloignai, je gagnai Bocognarro. J'y fus atteint par les montagnards, enfermé, gardé par quarante hommes. La position était critique. Je trouvai cependant le moyen d'en sortir. Je liai conversation avec un bonhomme de capitaine qui me comblait d'égards, s'excusait, regrettait d'être obligé d'obéir. Il m'invita à prendre l'air ; j'acceptai. J'envoyai mon domestique se placer à cinq ou six pas sur la route, et me trouvai tout à coup pressé du besoin d'obéir à la nature. Mon geôlier le crut et s'éloigna. J'étais sur mon cheval, qu'il n'avait pas tourné la tête. Il cria, il beugla, il appela aux armes ; mais le vent m'emportait ; j'étais hors d'atteinte avant qu'il eût fait feu. J'arrivai à Ajaccio. Les montagnards étaient sur mes traces. Je fus contraint de demander un asile à l'amitié. Barberi me reçut, me conduisit à la côte, d'où j'allai à Calvi rejoindre Lacombe Saint-Michel. J'avais échappé aux partis, aux postes, à la police ; on n'avait pu m'atteindre. Paoli était désolé ; il écrivait, se plaignait, menaçait : nous trahissions ses intérêts, ceux de notre patrie. Mes frères et moi, nous ne méritions pas les sentiments qu'il nous portait. Nous pouvions revenir, cependant ; il nous tendait les bras ; mais si nous étions une dernière

fois sourds à ses conseils, insensibles à ses offres, il ne ménagerait
plus rien. L'exécution fut aussi prompte que la réponse était fière : il
fit main-basse sur nos troupeaux, pilla, brûla nos propriétés, saccagea
tout. Nous laissâmes faire, nous chauffâmes les patriotes, nous accou-
rûmes au secours ; mais la citadelle était occupée, le feu était roulant,
nous ne pûmes débarquer. Nous allâmes mouiller en face, au nord du golfe.
Les insurgés nous suivirent ; j'avais eu le temps de mettre quelques
pièces à terre : je les couvris de mitraille. Ils revenaient cependant,
m'accablaient de reproches, s'indignaient qu'un des leurs combattît
pour la France. Ils étaient montés sur les hauteurs, sur les arbres, partout où ils espéraient se faire mieux entendre. Je chargeai un coup à
boulet, j'ajustai et coupai la branche sur laquelle un de ces orateurs
était perché ; il tomba. Sa chute égaya la cohue ; elle se dispersa : on
ne la vit plus. Nous rentrâmes à Calvi ; nous essayâmes encore quelques coups de main qui ne furent pas tous à notre avantage ; mais les
Anglais avaient pris terre, les montagnards inondaient la plaine ; nous
ne pûmes faire tête à l'orage.

« Ma mère gagna Marseille ; elle croyait y trouver du patriotisme,
un accueil digne des sacrifices qu'elle avait faits ; elle y obtint à peine
sûreté. Tout avait plié ; ma présence n'était bonne à rien ; je quittai
la Corse et me rendis à Paris. Les fédéralistes venaient de livrer Toulon ;
l'avenir était gros d'événements ; je ne désespérai pas d'en voir éclore
un qui rétablît nos affaires ; elles en avaient besoin ; les montagnards
les avaient ruinées de fond en comble ; elles étaient à jamais perdues
sans la révolution. Les maux que nous avait faits Paoli n'avaient pu me
détacher de lui ; je l'aimais, je le regrettai toujours. Il était grand,
d'une attitude noble et fière, parlait bien, connaissait les Corses et
exerçait sur eux une influence illimitée. Aussi habile à saisir l'impor-
tance d'une position que celle d'une mesure administrative, il com-
battait, gouvernait avec une sagacité, un tact que je n'ai vus qu'à lui.
Je l'accompagnais dans ses courses pendant la guerre de la liberté ;
il m'expliquait, chemin faisant, les avantages du terrain que nous par-
courions, la manière d'en tirer parti, celle de remédier aux accidents

qu'il présentait. Je me rappelle qu'un jour nous nous rendions à Porto-Nuovo, à la tête d'un détachement nombreux, je lui soumis quelques observations sur des idées qu'il avait émises. Il m'écouta avec beaucoup d'attention, et me regardant fixement dès que j'eus fini : « O Napoléon ! me dit-il, tu n'es pas de ce siècle, tes sentiments sont ceux des hommes de Plutarque. Courage ! tu prendras ton essor. » Je le pris en effet ; mais lui-même fut obligé de céder à la fortune. Il se réfugia en Angleterre, où il vivait à l'époque des campagnes d'Italie et d'Égypte. Chacune de mes victoires lui donnait le transport ; il célébrait, exaltait mes succès ; on eût dit que nous étions encore dans l'intimité où nous avions vécu. Lorsque je fus élevé au consulat, que je parvins à l'empire, ce fut pis encore. Les fêtes, les diners se succédaient l'un à l'autre. Ce n'étaient que cris d'allégresse et de satisfaction. Cet enthousiasme déplut au chef de l'État ; Paoli fut mandé : — « Vos reproches sont justes, lui dit-il ; mais Napoléon est un des miens ; je l'ai vu croître, je lui ai prédit sa fortune ; voulez-vous que je déteste sa gloire, que je deshérite mon pays de l'honneur qu'il lui fait ? » Je portais à ce grand homme tous les sentiments qu'il avait pour moi. Je voulais le rappeler, lui donner une part au pouvoir ; mais les affaires m'accablaient, le temps manqua, il mourut. Je n'eus pas la satisfaction de le rendre témoin de la splendeur qui m'entourait [1]. »

Napoléon, en entrant dans la carrière des armes, y apportait la tradition des guerres civiles et l'habitude des scènes sanglantes avec lesquelles elles ont l'inconvénient de familiariser ; dans son pays, il n'hésite pas à faire feu sur un rassemblement dont l'obligation d'assister au service divin avait été le prétexte. Ce rassemblement était inoffensif ; mais il était hostile. Napoléon prend l'initiative et le foudroie. Une telle conduite était naturelle avec les idées corses. Paoli ne procédait pas avec plus de ménagements ; il mettait en pratique la grande et éternelle maxime des dissensions intestines : *Tuer le premier pour ne pas être tué.* C'est parce qu'il ne recula pas devant l'af-

---

[1] Extrait du *Mémorial de Sainte-Hélène.*

freuse nécessité de mettre le canon au service de la raison d'État, que Napoléon s'avança si rapidement dans sa vie politique. Il vint en France tout prêt à ces répressions qui terminent tout d'un coup une guerre intestine et livrent le pouvoir au parti qui a frappé fort et sans hésiter. Plus tard, il se sacrifia en haine de la guerre civile : lorsqu'il lançait la mitraille, peut-être que, par le même sentiment, il était pressé d'en finir.

On a dit que Napoléon partant pour la Corse, dans l'intention de combattre Paoli et les Anglais, se montrait animé d'une telle résolution, et avait déjà dans sa démarche quelque chose de si empereur, qu'un de ses amis ne put s'empêcher de s'écrier : « Mais voyez donc Bonaparte, ne dirait-on pas qu'il part pour se faire roi de Corse! » On sait aujourd'hui qu'il reparut dans l'île sans avoir aucune mission, et l'on vient de voir qu'il ne prit part aux événements que parce que les circonstances réclamèrent son concours.

Napoléon était entré en France suivi de tous ses parents. Cette nombreuse famille, ainsi qu'il nous l'apprend lui-même, débarqua à Marseille et s'y arrêta, tandis que lui-même allait se rendre à Paris. Sans doute il eût mieux valu pour elle qu'elle se fixât dans la capitale; car, au sein de la foule, les blessures que fait la fortune se dissimulent et se guérissent plus facilement. Mais les longs chemins sont terribles aux nécessiteux, et la famille fugitive dut former son établissement provisoire sur le rivage même où elle venait d'aborder.

Le gouvernement républicain accordait des secours aux réfugiés victimes de ses principes. La famille Bonaparte fut heureuse de trouver cette ressource contre le besoin. Elle obtint même, par suite des liaisons qu'elle avait formées en Corse avec des officiers français, une part plus considérable que celle des autres proscrits dans ces distributions, que l'avarice des préposés faisait toujours d'une manière parcimonieuse. Tels furent les moyens d'existence de la famille du conquérant à sa première apparition sur le sol de cette France, qu'elle devait étonner et éblouir un jour de l'éclat de sa magnificence et de sa grandeur.

Mais cette ressource si restreinte ne pouvait guère suffire dans une ville opulente, voluptueuse, et où les idées justes et morales sont assez faussées pour que les vaniteuses exigences du luxe y soient mises au rang des premiers besoins. Les trois sœurs de Napoléon, *Marianna*, *Carlotta* et *Pauletta*, à la distance d'un ou deux ans l'une de l'autre, entraient toutes trois dans leur printemps. Leur mère, que les ravages du temps n'avaient pas encore privée de toute sa beauté, souffrait cruellement pour elle-même et pour ses filles que le mauvais état de leur fortune les empêchât de se produire d'une manière conforme au rang qu'elle avait pu tenir dans l'île natale. On n'a jamais pu croire que la mère et les filles aient su se mettre, par une constance de vertu extraordinaire, au-dessus des difficultés d'une telle situation. La liberté de manières tout italienne avec laquelle les officiers français que la famille avait connus en Corse étaient accueillis par elles passait pour de la licence, et toutes les apparences devenaient criminelles. Mais, pour faire apprécier plus justement la valeur des calomnies dont la pétulante inimitié des Marseillais a toujours voulu ternir cette première époque de l'histoire de l'illustre famille, il faut dire quelle était alors la situation de Marseille ; il faut aussi jeter un coup d'œil sur la composition et le caractère de la population de cette cité à la fin de 1793 ou au commencement de 1794.

Marseille, métropole de la Provence par le fait, bien que la ville d'Aix en soit la capitale en titre, doit toute sa grandeur au commerce qu'elle entretenait jadis avec le Levant. Fière de son existence commerciale et républicaine, elle résista longtemps et souvent avec succès aux rois de France, se donna aux Espagnols du temps de la Ligue, et ne fut définitivement réunie à la France qu'au commencement du dix-septième siècle. A l'époque où Gênes, Livourne et Venise étaient des cités puissantes et peuplaient de leurs navires les mers de l'Orient, elle était la reine de la Méditerranée, et le trafic du Levant, où elle était sans concurrence, lui procurait d'immenses richesses. Sa prospérité et son influence ont encore survécu aux causes qui les avaient fondées, et le pavillon des navigateurs provençaux a joui d'une certaine supré-

matie dans les Échelles du Levant, jusqu'au moment où les Grecs, rompant par l'industrie les plus fortes barrières de la servitude, se sont chargés du soin de communiquer, sans intermédiaire et par leurs propres marins, avec les rivages étrangers. Mais le vaste développement de l'industrie à la fin du dix-huitième siècle chez toutes les puissances européennes, l'essor des États-Unis d'Amérique et le monopole commercial de l'Angleterre, ont changé la situation de toutes les villes maritimes qui avaient eu une destinée fixe et réputée immuable. L'ardeur effrénée d'une concurrence sans limite a confondu toutes les exploitations, toutes les directions commerciales, qui sont devenues le patrimoine commun du bonheur, de l'habileté ou de l'audace; et partout, les priviléges créés par le temps et l'habitude, ceux même résultant de la situation géographique et que l'on aurait crus éternels comme le sol, se sont effacés.

Dans cette révolution, Marseille a perdu tous ses avantages. Dès le principe de sa décadence, tourmentée d'un malaise secret, et rendant le gouvernement comptable du dépérissement de sa prospérité, elle s'est immiscée à toutes les crises politiques avec une incroyable mobilité, avec une fureur sans exemple, poursuivant toujours un changement dans le mode de ses rapports avec la loi fiscale, demandant aujourd'hui des franchises et les repoussant demain.

Une rapide mutation des fortunes a détruit jusqu'aux traditions de l'ancienne société; les antiques familles se sont éteintes, et peu à peu des noms étrangers sortis des côtes d'Italie, des îles de la Grèce, ou même des États barbaresques, ont remplacé l'aristocratie commerciale et l'opulente bourgeoisie d'autrefois.

Dans cette subversion, qui s'est graduellement accomplie, le caractère national ne pouvait pas surnager. L'antique bonne foi, la loyauté, vertus héréditaires chez les trafiquants marseillais, la naïveté et l'hospitalité provençale ont péri, ou du moins ont cessé d'être les signes particuliers et certains auxquels on pût reconnaître l'homme né parmi eux. Le *vrai Marseillais*, pour nous servir d'une locution en faveur dans le pays, est devenu fort rare. Cependant un esprit de constante opposition aux mesures de l'autorité, et une sorte de turbulence démocratique, mais une turbulence aveugle et trop souvent injuste et cruelle, ont remplacé dans cette population, bigarrée des types et des caractères de vingt races différentes, ce qui constituait auparavant le cachet d'une nationalité des plus distinctes.

A toutes les phases violentes depuis l'aurore de la Révolution, dans tous les jours d'orage, Marseille épouvantée a vu se lever dans son sein une multitude abjecte, horrible, redoutable par son audace et sa férocité, une tourbe sans frein, sans souvenirs de patrie, sans autre lien commun que la soif de la dévastation et du meurtre, un ramas de brigands capables de tous les crimes dans sa fièvre séditieuse.

Cette population semi-barbaresque a fait constamment la loi aux débris de l'ancienne et excellente race provençale. Des étrangers, dont les foyers paternels sont ailleurs et qui sont venus pour un temps planter leurs tentes sur les rivages de la Méditerranée, ne songent point à se rattacher à ces débris, et nul élément de cohésion n'existe dans la classe civilisée. Le commerce engendre plus de rivalités que de rapports d'affection, et rien de moins uni que cette aristocratie mercantile. Une cupidité qui ne saurait être égalée que par l'amour frénétique du plaisir, livre chacun aux instincts exclusifs d'un hideux égoïsme, et la seule puissance devant laquelle s'inclinent tant d'insolences individuelles, c'est l'or. Il est aisé de comprendre le respect et la pitié que peuvent obtenir le malheur et la faiblesse au milieu d'un tel chaos, dans une pareille sentine de débauche et de corruption.

Malheur et faiblesse, la famille Bonaparte avait alors ces deux titres au dédain des Marseillais. Elle était pauvre, sans appui, et, hors Napoléon, aucun des quatre frères n'avait encore ni forme ni consistance viriles. Cependant la maison de plus d'un négociant respectable et de la vieille roche leur fut ouverte, et des liaisons intimes se formèrent avec celle de M. Clary, où le pacifique et doux Joseph trouva dans la suite une épouse.

Napoléon séjourna bien peu de temps à Marseille. Les personnes qui se souviennent de l'y avoir vu, dans plusieurs maisons où le *petit officier corse* était reçu assez froidement, disent qu'il était fort réservé avec les hommes et d'une politesse attentive et empressée avec les femmes. Il semblait porter tout le poids de la situation malheureuse de sa famille. Il n'a jamais oublié les dédains et les humiliations que lui et les siens eurent à souffrir, et la ville de Marseille ne trouva jamais grâce devant lui. Mais les ressentiments ont été réciproques, et l'on verra à la fin de cet ouvrage que, si les puissances alliées eussent, soit en 1814 soit en 1815, décrété le supplice et non pas l'exil de Napoléon, il eût fallu, pour assouvir la rage marseillaise, lui livrer cette victime, ou du moins, dans cette lie de misérables, mettre la fonction de bourreau au concours.

A l'époque à laquelle nous avons tout à l'heure suspendu notre récit, Marseille, lasse d'une terreur salutaire, commençait à manifester ses regrets d'un ordre de choses qu'elle avait tant contribué à détruire. Sur les trente-deux sections de la commune, cinq seulement persistaient à marcher sous les bannières du terrorisme. Après l'action, la réaction s'annonçait sous le masque d'une feinte modération qui pouvait aller jusqu'à l'oubli. Les dieux de la veille, l'inexorable Marat et l'incorruptible Robespierre, étaient maudits. Alors ceux qui s'appelaient les honnêtes gens crurent s'apercevoir qu'ils étaient les plus nombreux, et tout à coup, imbus de cette croyance, ils s'avisèrent d'avoir de l'énergie. Les royalistes attirèrent dans leur parti une foule de républicains crédules qui ne soupçonnaient pas qu'ils obéissaient à une perfide impulsion, et beaucoup d'hommes corrompus qui craignaient qu'au nom de la république on ne les fît repentir d'avoir exploité la Révolution au profit de leurs mauvaises passions. Le schisme s'était opéré d'une façon violente. Les adversaires des purs montagnards s'étaient organisés, et des deux côtés on faisait des adresses à la Convention, ceux-ci pour protester contre les décrets sanglants et les proscriptions contre lesquels leur conscience ne les rassurait pas, les autres pour provoquer de nouvelles rigueurs qu'ils jugeaient nécessaires au salut public, et surtout pour demander la mise hors la loi des députés qui avaient voté l'appel au peuple dans le procès du roi.

Le même mouvement contre-révolutionnaire avait éclaté dans les autres grandes cités du Midi, et Lyon, dont la résistance fut depuis si héroïque en dépit du motif qui la dictait, fut la première à méconnaître les lois de la république. Bordeaux avait aussi levé l'étendard de l'insurrection, et de cette vaste confédération du Midi allait sortir une armée formidable pour marcher sur Paris.

Le souper de Beaucaire, écrit remarquable, et premier acte de la vie politique de Napoléon. — Occupation de Marseille par le général Cartaux. — Terrible répression. — Marseille, *ville sans nom.* — Barras et Ricord. — Toulon au pouvoir des Anglais. — Siége de cette ville, ineptie de Cartaux. — Les plans de Napoléon adoptés par le représentant Gasparin. — Prédiction de la citoyenne Cartaux. — Prise de Toulon. — Sublime dévouement des forçats. — Les voitures de la cour et les canonniers volontaires de Paris. — L'aide de camp Dupas. — Napoléon est grièvement blessé. — Il fait prisonnier le général anglais. — Il contracte une affreuse maladie de la peau. — Il refuse de commander le siége. — Il fait rentrer au service un grand nombre de ses anciens camarades. — Une famille d'émigrés lui doit la vie. — Il est accusé de fédéralisme. — Premiers rapports avec Duroc, avec Junot. — Nul ne peut fuir sa destinée. — Napoléon général de brigade.

Au moment de l'arrivée à Marseille de Napoléon avec sa famille, les mouvements insurrectionnels n'étaient que partiels; les villes ne s'étaient pas encore confédérées, et la Convention, préparant un vaste plan qui ne devait que plus tard se dérouler dans toute son étendue, croyait pouvoir dompter la révolte par des proclamations et des décrets. Napoléon ne put donc avoir, dans la situation des affaires politiques, aucune raison décisive pour ne pas se montrer fortement attaché à la cause qu'il avait embrassée. Se jetant bouillant d'ardeur et de patriotisme au milieu des clubs et des sociétés populaires, il continua à marcher avec les montagnards. Le *Souper de Beaucaire*, pamphlet qu'il fit alors imprimer à Avignon, est une preuve à jamais irrécu-

sable de la pureté de ses principes républicains et de l'énergie de ses
sentiments à cette époque. A son passage à Beaucaire, le 27 juillet 1793,
il eut pour convives à souper deux négociants de Marseille, un habitant
de Nimes et un fabricant de Montpellier. La conversation tomba sur
les événements·du jour ; les Méridionaux, se trouvant en présence d'un
jeune officier, cherchaient à connaitre son opinion afin de s'éclairer,
et de prévoir quelles étaient, pour les divers partis, les chances dans
l'avenir. Napoléon, qui venait alors d'Avignon, que l'armée marseillaise
avait été forcée d'évacuer, eut occasion de placer dans cet entretien
les arguments les plus propres à convaincre les insurgés qu'ils ne devaient pas s'exposer au ressentiment de l'armée républicaine. Ce sont
ces arguments qu'il déposa dans sa brochure, dont l'édition s'épuisa
avec la plus grande rapidité. Là il condamne hautement les députés
girondins, qui, dans leur déplorable opposition aux grandes et vigou-
reuses mesures que le salut de la république rendait indispensables,
n'avaient pas balancé à attiser le feu de la guerre civile, et menaçaient,
dans le désespoir de leur succès, d'appeler l'étranger à leur secours !
On avait répandu dans Marseille la nouvelle que les insurgés étaient
victorieux. « L'armée républicaine, dit Bonaparte, était forte de
quatre mille hommes lorsqu'elle a attaqué Avignon ; elle est aujour-
d'hui à six mille ; avant quatre jours elle sera à dix mille ; elle a eu
vingt tués et quatre blessés ; elle n'a point été repoussée, puisqu'elle
n'a fait aucune attaque en forme ; elle a voltigé autour de la place, a
cherché à forcer les portes en y attachant des pétards ; elle a tiré
quelques coups de canon pour essayer la contenance de la garnison ;
elle a dû ensuite se retirer dans son camp, afin de combiner son
attaque pour la nuit suivante. Les Marseillais étaient trois mille six
cents hommes ; ils avaient une artillerie plus nombreuse et de plus
fort calibre, et cependant ils ont été contraints à repasser la Durance.
Cela vous étonne beaucoup ; mais c'est qu'il n'appartient qu'à de vieilles
troupes de résister aux incertitudes d'un siége. Nous étions maitres
du Rhône, de Villeneuve et de la campagne ; nous eussions intercepté
toutes leurs communications. Ils ont dû évacuer la ville ; la cavalerie

les a poursuivis dans leur retraite ; ils ont eu beaucoup de prisonniers et ont perdu deux pièces de canon. »

C'était là un bien triste début pour les révoltés. L'un des convives marseillais réplique qu'ils viennent de recevoir trois bons généraux, que Marseille lève de nouveaux bataillons; enfin que les Marseillais ont un nouveau train d'artillerie, plusieurs pièces de vingt-quatre, et que, sous peu de jours, ils seront en mesure de reprendre Avignon, ou du moins de garder la ligne de la Durance.

« Voilà, reprend Bonaparte, ce qu'on vous dit pour vous entraîner dans le précipice qui s'approfondit à chaque instant, et qui peut-être engloutira la plus belle ville de la France, celle qui a le plus mérité des patriotes; mais l'on vous a dit aussi que vous traverseriez la France, que vous donneriez le ton à la république, et vos premiers pas ont été des échecs; l'on vous a dit qu'Avignon pouvait résister longtemps à vingt mille hommes, et une seule colonne de l'armée, sans artillerie de siége, dans vingt-quatre heures en a été maitresse; l'on vous a dit que le Midi était levé, et vous vous êtes trouvés seuls; l'on vous a dit que la cavalerie nimoise allait écraser les Allobroges, et ceux-ci étaient déjà au Saint-Esprit et à Villeneuve; l'on vous a dit que quatre mille Lyonnais étaient en marche pour vous secourir, et les Lyonnais négociaient leur accommodement. Reconnaissez donc que l'on vous trompe, concevez l'impéritie de vos meneurs et méfiez-vous de leurs calculs. Le plus dangereux conseiller, c'est l'amour-propre; vous êtes naturellement vifs, et l'on vous conduit à votre perte, par le même moyen qui a ruiné tant de peuples, en exaltant votre vanité; vous avez des richesses et une population considérable, on vous les exagère; vous avez rendu des services éclatants à la liberté, on vous les rappelle, sans faire attention que le génie de la république était avec vous alors, au lieu qu'il vous abandonne aujourd'hui. Votre armée, dites-vous, est à Aix avec un grand train d'artillerie et de bons généraux; eh bien! quoi qu'elle fasse, je vous assure qu'elle sera battue. Vous aviez trois mille six cents hommes, une bonne moitié s'est dispersée; Marseille et quelques réfugiés du département peuvent vous offrir quatre mille hommes ; vous aurez donc cinq ou six mille hommes sans ensemble, sans unité, sans être aguerris. Vous avez de bons généraux, je ne les connais pas, je ne puis par conséquent contester leur habileté ; mais ils seront absorbés par les détails et ne seront pas secondés par les subalternes ; ils ne pourront rien faire qui soutienne la réputation qu'ils pourraient s'être acquise, car il leur faudrait deux mois pour orga-niser passablement leur armée, et dans quatre jours Cartaux sera au delà de la Durance, et avec quels soldats ! avec l'excellente troupe légère des Allobroges, le vieux régiment de Bourgogne, un bon régi-ment de cavalerie, le brave bataillon de la Côte-d'Or, qui a vu cent fois la victoire le précéder dans les combats, et six ou sept autres corps, tous de vieilles milices, encouragés par leurs succès aux frontières et sur votre armée. Vous avez des pièces de vingt-quatre et de dix-huit, et vous vous croyez inexpugnables ; vous suivez l'opinion vulgaire ; mais les gens du métier vous diront, et une fatale expérience va vous le dé-montrer, que de bonnes pièces de quatre ou de huit font autant d'effet pour la guerre de campagne, et sont, à bien des égards, préférables au gros calibre ; vous avez des canonniers de nouvelle levée, et vos adversaires ont des artilleurs de régiments de ligne, qui sont, dans leur art, les maîtres de l'Europe. Que fera votre armée, si elle se con-centre à Aix ? elle est perdue ! C'est un axiome dans l'art militaire, que celui qui reste dans ses retranchements est battu ; l'expérience et la théorie sont d'accord sur ce point, et les murailles d'Aix ne valent pas le plus mauvais retranchement de campagne, surtout si l'on fait atten-tion à leur étendue, aux maisons qui les environnent extérieurement à la portée du pistolet. Soyez donc bien sûrs que ce parti qui vous semble le meilleur est le plus mauvais. Comment pourrez-vous d'ail-leurs approvisionner la ville en si peu de temps de tout ce dont elle aurait besoin ? Votre armée ira-t-elle à la rencontre de son ennemi ? Mais elle est moins nombreuse, mais son artillerie est moins propre pour la campagne ; elle serait rompue et dès lors défaite sans ressource, car la cavalerie l'empêchera de se rallier. Attendez-vous donc à voir la guerre sur le territoire de Marseille : un parti assez nombreux y tient pour la république; ce sera le moment de l'effort; la jonction se fera, et cette ville, le centre du commerce du Levant, l'entrepôt du midi de l'Europe, est perdue. Souvenez-vous de l'exemple récent de Lisle [1] et des lois barbares de la guerre. Mais quel esprit de vertige s'est tout à coup emparé de votre peuple? Quel aveuglement fatal le conduit à sa perte? Comment peut-il prétendre résister à la république entière? Quand il obligerait cette armée à se replier sur Avignon, peut-il douter que sous peu de jours de nouveaux combattants ne viennent remplacer les premiers? La république qui donne la loi à l'Europe la recevra-t-elle de Marseille?

« Unis avec Bordeaux, Lyon, Montpellier, Nimes, Grenoble, le Jura, l'Eure, le Calvados, vous avez entrepris une révolution; vous aviez une probabilité de succès; vos instigateurs pouvaient être malintentionnés, mais vous aviez une masse imposante de forces; au contraire, aujourd'hui que Lyon, Nimes, Montpellier, Bordeaux, le Jura, l'Eure, Grenoble, Caen, ont reçu la constitution; aujourd'hui qu'Avignon, Tarascon, Arles, ont plié, avouez qu'il y a dans votre opiniâtreté de la folie; c'est que vous êtes influencés par des personnes qui, n'ayant plus rien à ménager, vous entraînent dans leur ruine.

« Votre armée sera composée de tout ce qu'il y aura de plus aisé, des richards de votre ville, car les sans-culottes pourraient trop facilement se tourner contre vous. Vous allez donc compromettre l'élite de votre jeunesse. Accoutumés à tenir la balance commerciale de la Méditerranée et à vous enrichir par votre économie et vos spéculations, qu'avez-vous à gagner contre de vieux soldats, cent fois teints du sang du furibond aristocrate ou du féroce Prussien? Laissez les pays pauvres se battre jusqu'à la dernière extrémité : l'habitant du Vivarais, des Cévennes, de la Corse, s'expose sans crainte à l'issue du combat; s'il gagne, il a rempli son but; s'il perd, il se trouve, comme auparavant, dans le cas de faire la paix et dans la même position... Mais vous!... perdez une bataille, et le fruit de mille ans de fatigues,

[1] Petite ville à quatre lieues d'Avignon ; ayant résisté à l'armée de Cartaux, elle fut emportée de vive force le 26 juillet 1793.

de peines, d'économie, de bonheur, devient la proie du soldat. Voilà pourtant les risques que l'on vous fait courir. »

Les Marseillais supposaient que, si jamais ils se trouvaient bloqués dans Aix, toute la Provence se lèverait spontanément, et viendrait investir de tous côtés les troupes employées au blocus, qui se trouveraient trop heureuses alors de repasser la Durance. Napoléon cherche encore à les désabuser à cet égard. « Que c'est mal connaître, s'écrie-t-il, l'esprit des hommes et celui du moment! Partout il y a deux partis; dès que vous serez assiégés, le parti sectionnaire aura le dessous dans toutes les campagnes. L'exemple de Tarascon, d'Orgon, d'Arles, doit vous convaincre : vingt dragons ont suffi pour rétablir les anciens administrateurs, et mettre les autres en déroute. —Désormais, tout grand mouvement en votre faveur est impossible dans votre département; il pouvait avoir lieu lorsque l'armée était au delà de la Durance et que vous étiez entiers. A Toulon, les esprits sont très-divisés, et les sectionnaires n'y ont pas la même supériorité qu'à Marseille; il faut donc qu'ils restent dans leur ville pour contenir leurs adversaires... Quant au département des Basses-Alpes, vous savez que la presque totalité a accepté la constitution. » Les Marseillais se promettaient de faire dans leurs montagnes une terrible guerre à l'armée de Cartaux, dont la cavalerie, croyaient-ils, ne pourrait alors lui être d'aucun secours. Napoléon dissipe leur erreur : « Vous attaquerez Cartaux, leur dit-il, comme si une armée qui protége une ville était maîtresse du point d'attaque! Il est faux, d'ailleurs, qu'il existe des montagnes assez difficiles auprès de Marseille pour rendre nul l'effet de la cavalerie; seulement, vos oliviers sont assez rapides pour rendre embarrassant le service de votre artillerie et donner un grand avantage à vos ennemis; car c'est dans les pays coupés que, par la vivacité des mouvements, l'exactitude du service et la justesse de l'élévation des distances, le bon artilleur a de la supériorité. »

Les Marseillais répétaient dans leur rage : « Quoi! notre ville, qui résista aux Romains et conserva une partie de ses lois sous les despotes qui leur succédèrent, deviendrait la proie de quelques brigands! Quoi! l'Allobroge, chargé des dépouilles de Lisle, ferait la loi dans Marseille!

Quoi! Dubois de Crancé, Albitte, seraient sans contradicteurs! ces hommes altérés de sang, que les malheurs des circonstances ont placés au timon des affaires, seraient les maitres absolus! Quelle triste perspective nous est offerte! Nos propriétés, sous différents prétextes, seraient envahies; à chaque instant nous serions victimes d'une soldatesque que le pillage réunit sous les mêmes drapeaux; nos meilleurs citoyens seraient emprisonnés et périraient par le crime; le club relèverait sa tête monstrueuse pour exécuter ses projets infernaux! Rien de pis que cette horrible idée! Mieux vaut-il s'exposer à vaincre que d'être victimes sans alternative. » C'était là un langage passionné et dépourvu de toute justice; mais les Marseillais étaient sous la fatale influence contre-révolutionnaire, et tout ce qui se faisait de vigoureux pour mettre un terme aux entreprises du royalisme leur paraissait et leur était représenté par de coupables meneurs comme des attentats liberticides. « Voilà ce que c'est que la guerre civile, leur répliquait Napoléon; l'on se déchire, l'on s'abhorre, l'on se tue sans se connaitre. — Les Allobroges... que croyez-vous que ce soit? des Africains? des habitants de la Sibérie? Eh! point du tout, ce sont vos compatriotes, des Provençaux, des Dauphinois, des Savoyards; on les croit barbares parce que leur nom est étranger. Si l'on appelait votre phalange la phalange phocéenne, l'on pourrait accréditer sur son compte toute espèce de fable.

— Il est vrai que vous m'avez rappelé un fait, c'est celui de Lisle; je ne le justifie pas, mais je l'explique. Les Lislois ont tué le trompette qu'on leur avait envoyé, ils ont résisté sans espérance de succès, ils ont été pris d'assaut; le soldat est rentré au milieu du feu et des morts, il n'a plus été possible de le contenir; l'indignation a fait le reste. — Ces soldats que vous appelez brigands, sont nos meilleures troupes; et nos bataillons les plus disciplinés, leur réputation est au-dessus de la calomnie. — Dubois-Crancé et Albitte, constants amis du peuple, n'ont jamais dévié de la ligne droite; ils sont scélérats aux yeux des mauvais. Mais Condorcet, Brissot, Barbaroux aussi étaient des scélérats lorsqu'ils étaient purs! L'apanage des bons sera toujours d'étre mal famés chez le méchant. Il vous semble qu'ils ne gardent aucune mesure avec vous ; loin de là, ils vous traitent en enfants égarés. — Pensez-vous que, s'ils eussent voulu, Marseille eût retiré les marchandises qu'elle avait à Beaucaire ? Ils pouvaient les séquestrer jusqu'à l'issue de la guerre ; ils ne l'ont pas voulu faire, et, grâce à eux, vous pouvez retourner tranquillement chez vous. — Vous appelez Cartaux un assassin ; eh bien ! sachez que ce général se donne les plus grandes sollicitudes pour le maintien de la discipline ; témoin sa conduite au Saint-Esprit et à Avignon : l'on n'a pas pris une épingle, il a fait emprisonner un sergent qui s'était permis d'arrêter un Marseillais de votre armée qui était resté dans une maison, parce qu'il avait violé l'asile du citoyen sans un ordre exprès. L'on a puni les Avignonnais qui avaient désigné une maison comme aristocrate ; l'on a instruit le procès d'un soldat accusé de vol. — Votre armée, au contraire, a tué, assassiné plus de trente prisonniers, a violé l'asile des familles, a rempli les prisons de citoyens, sous le prétexte vague qu'ils étaient des brigands. — Ne vous effrayez point de l'armée, elle estime Marseille, parce qu'elle sait qu'aucune ville n'a tant fait de sacrifices à la chose publique ; vous avez dix-huit mille hommes à la frontière, et, dans toutes les circonstances, vous ne vous êtes point ménagés ; secouez le joug du petit nombre d'aristocrates qui vous conduisent, reprenez des principes plus sains, et vous n'aurez pas de plus vrais amis que le soldat ! »

Les Marseillais rebelles ne cessaient de répéter que les soldats français avaient bien dégénéré de l'armée de 1789, qui ne voulut jamais prendre les armes contre la nation, et ils exhortaient les bataillons de Cartaux à imiter un si bel exemple en refusant de tourner leurs armes contre leurs concitoyens. — « Avec de pareils principes, dit Napoléon, la Vendée aurait aujourd'hui planté le drapeau blanc sur les murs de la Bastille relevée, et le camp de Jalès dominerait à Marseille. »

Cependant, dans leur aveuglement, les Marseillais se défendaient de conspirer pour le retour de l'ancien régime. Leur langage était celui-ci : « La Vendée veut un roi, elle veut une contre-révolution ; la guerre de la Vendée et du camp de Jalès est celle du fanatisme ; la nôtre,

au contraire, est celle des vrais républicains, amis des lois, de l'ordre,
ennemis de l'anarchie et des scélérats. N'avons-nous pas le drapeau
tricolore? Et quel intérêt aurions-nous à vouloir l'esclavage? » — Napoléon les bat encore sur tous ces points : « Je sais bien, poursuit-
il, que le peuple de Marseille est bien loin de celui de la Vendée, en
fait de contre-révolution. Le peuple de la Vendée est robuste et sain ;
celui de Marseille est faible et maladif, il a besoin de miel pour avaler la
pilule. Pour y établir la nouvelle doctrine, l'on a besoin de le tromper ; mais, depuis quatre ans de révolution, après tant de trames, de
complots, de conspirations, toute la perversité humaine s'est développée
sous différents aspects, les hommes ont perfectionné leur tact naturel ;
cela est si vrai, que, malgré la coalition départementale, malgré l'habileté des chefs et le grand nombre des ressorts de tous les ennemis de
la révolution, le peuple partout s'est réveillé au moment où on le croyait
ensorcelé. — Vous avez, dites-vous, le drapeau tricolore ; — Paoli
aussi l'arbora en Corse, pour avoir le temps de tromper le peuple, d'é-
craser les vrais amis de la liberté, pour pouvoir entraîner ses compatriotes dans ses projets ambitieux et criminels ; il arbora le drapeau tricolore, et il fit tirer contre les bâtiments de la République, et il fit
chasser nos troupes des forteresses, et il désarma celles qui y étaient.
Il fit des rassemblements pour chasser celles qui étaient dans l'ile, et il
pilla les magasins, en vendant à vil prix tout ce qu'il y avait, afin d'a-
voir de l'argent pour soutenir sa révolte ; et il ravagea et confisqua les
biens des familles les plus aisées, parce qu'elles étaient attachées à l'u-
nité de la République ; et il se fit nommer généralissime, et il déclara
ennemis de la patrie tous ceux qui resteraient dans nos armées. Il avait
précédemment fait échouer l'expédition de Sardaigne, et cependant il
avait l'impudeur de se dire ami de la France et bon républicain, et cependant il trompa la Convention, qui rapporta son décret de destitu-
tion ; il fit si bien enfin, que, lorsqu'il a été démasqué par ses propres
lettres, trouvées à Calvi, il n'était plus temps : les flottes ennemies
interceptaient toutes les communications.

— Ce n'est plus aux paroles qu'il faut s'en tenir, il faut peser les

actions ; et avouez qu'en appréciant les vôtres, il est facile de démon-
trer que vous êtes des contre-révolutionnaires. — Quel effet a produit
dans la République le mouvement que vous avez fait? Vous l'avez conduite près de sa ruine; vous avez retardé les opérations de nos armées.
Je ne sais pas si vous êtes payés par l'Espagnol et l'Autrichien ; mais,
certes, ils ne pouvaient pas désirer de plus fortes diversions : que fe-
riez-vous de plus si vous l'étiez? Vos succès sont l'objet des sollicitudes
de tous les aristocrates reconnus ; vous avez placé à la tête de vos sections et de vos armées des aristocrates avoués, un Latourette, ci-devant colonel, un Soumise, ci-devant lieutenant du génie, qui ont abandonné leur corps au moment de la guerre, afin de ne pas se battre
pour la liberté des peuples. Vos bataillons sont pleins de pareilles gens,
et votre cause ne serait pas la leur si elle était celle de la République.»

Les rebelles se confirmaient dans leur hallucination, par l'habitude
où ils étaient de glorifier des noms dont la popularité aurait dû expirer
du moment qu'ils étaient devenus l'enseigne d'une funeste dissidence.
« Mais, disaient-ils, Brissot, Barbaroux, Condorcet, Buzot, Vergniaud,
sont-ils aussi des aristocrates? Qui a fondé la république? qui a renversé le
tyran? qui a enfin soutenu la patrie à l'époque périlleuse de la dernière
campagne? — Je ne cherche pas, répond Napoléon, si vraiment ces
hommes, qui avaient bien mérité du peuple dans tant d'occasions, ont
conspiré contre lui : ce qu'il me suffit de savoir, c'est que la Montagne,
par esprit public ou par esprit de parti, s'étant portée aux dernières ex-
trémités contre eux, les ayant décrétés, emprisonnés, je veux même
vous le passer, les ayant calomniés, les Brissotins étaient perdus, sans
une guerre civile qui les mit en position de faire la loi à leurs ennemis.
C'est donc pour eux seuls que votre guerre était utile ; s'ils avaient
mérité leur réputation première, ils auraient jeté leurs armes à l'aspect
de la Constitution, ils auraient sacrifié leurs intérêts au bien public ;
mais il est plus facile de citer Décius que de l'imiter ; ils se sont aujour-
d'hui rendus coupables du plus grand de tous les crimes ; ils ont, par
leur conduite, justifié leur décret. Le sang qu'ils ont fait répandre a
effacé les vrais services qu'ils avaient rendus. »

Napoléon proclame ensuite qu'à une époque de civilisation éclairée les peuples doivent comprendre combien il est absurde de se battre pour les personnes. L'Angleterre, ajoute-t-il, a versé des torrents de sang pour les familles de Lancastre et d'York, la France pour les Lorrains et les Bourbons; serions-nous encore à ces temps de barbarie!»

Les Marseillais voulaient la république, ils l'affirmaient; mais la république avec une constitution formée par des représentants de la même nuance politique que ceux qui venaient de les pousser à la guerre civile; ils demandaient que les clubs fussent fermés, et qu'à l'avenir il n'y eût plus d'assemblées primaires : ils parlaient sans cesse du respect des propriétés, dont la sûreté, suivant eux, était incompatible avec les réunions du peuple.

Napoléon les confondait avec cette riposte abondante en faits : « Il est palpable, pour qui veut réfléchir, qu'une partie de Marseille veut la contre-révolution ; on avoue vouloir la république, mais c'est un rideau qu'on rendrait tous les jours plus transparent; on vous accoutumerait à voir la contre-révolution toute nue ; déjà le voile qui la couvrait n'était plus que de gaze ; votre peuple était bon; mais, avec le temps, on aurait perverti la masse, sans le génie de la Révolution qui veille sur elle. —Nos troupes ont bien mérité de la patrie pour avoir pris les armes contre vous avec autant d'énergie; elles n'ont pas dû imiter l'armée de 1789, puisque vous n'êtes pas la nation. Le centre d'unité est la Convention , c'est le vrai souverain , surtout lorsque le peuple se trouve partagé. — Vous avez renversé toutes les lois, toutes les convenances... Vous avez confondu tous les droits, vous avez établi l'anarchie, et, puisque vous prétendez justifier vos opérations par le droit de la force, vous n'êtes plus que des brigands, des anarchistes.

« Vous avez établi un gouvernement populaire, Marseille seul l'a nommé; il est contraire à toutes les lois, ce ne peut être qu'un tribunal de sang, puisque c'est le tribunal d'une faction; vous avez soumis par la force à ce tribunal tout votre département; de quel droit? Vous usurpez donc cette autorité que vous reprochez injustement à Paris.

Votre comité des sections a reconnu des affiliations : voilà donc une coalition pareille à celle des clubs contre lesquels vous vous récriez. Votre comité a exercé des actes d'administration sur des communes du Var : voilà donc la division territoriale méconnue.

« Vous avez, à Avignon, emprisonné sans mandat, sans décret, sans réquisition des corps administratifs; vous avez violé l'asile des familles, méconnu la liberté individuelle; vous avez, de sang-froid, assassiné sur les places publiques ; vous avez renouvelé les scènes dont vous avez exagéré l'horreur, et qui ont affligé l'origine de la Révolution, sans information et sans procès, sans connaître les victimes, seulement sur la désignation de leurs ennemis; vous les avez arrachées à leurs enfants, traînées dans les rues, et les avez fait périr sous les coups de sabre; on en compte jusqu'à trente que vous avez ainsi sacrifiées ! Vous avez traîné dans la boue la statue de la liberté; vous l'avez exécutée publiquement; elle a été l'objet des avanies de toute espèce d'une jeunesse effrénée; vous l'avez hachée de coups de sabre, vous ne sauriez le nier ; il était midi, plus de deux cents des vôtres assistaient à cette profanation criminelle; le cortége a traversé plusieurs rues, est arrivé à la place de l'Horloge, etc., etc. — J'arrête mes réflexions et mon indignation. Est-ce donc ainsi que vous voulez la république? Vous avez retardé la marche de nos armées en arrêtant les convois; comment pouvoir se refuser à l'évidence de tant de faits, et comment vous épargner le titre d'ennemis de la patrie?—Qu'espérez-vous d'une telle conduite, et quel parti vous reste à prendre? »

Les Marseillais proclamaient tout haut qu'ils étaient résolus à mourir plutôt que de recevoir la loi de la Convention. Afin de se confirmer dans ce triste dessein, ils répandaient ce bruit qui était sans aucun fondement, que, peu de temps auparavant, les partisans de la Montagne avaient conspiré pour égorger quatre mille de leurs meilleurs concitoyens. Ils citaient le fait atroce d'un des principaux du club, qui, à les entendre, aurait fait lanterner un citoyen, pillé sa maison, et violé sa femme après lui avoir fait boire un verre du sang de son mari. C'était là une abominable imposture; mais les royalistes avaient eu

LE GÉNÉRAL BONAPARTE ET KLÉBER.

CAMPAGNE DE 1814

Anecdote

NAPOLÉON ET LA VIEILLE FEMME DE VISSANT.

www.ingramcontent.com/pod-product-compliance
Lightning Source LLC
LaVergne TN
LVHW022029080426
835513LV00009B/941